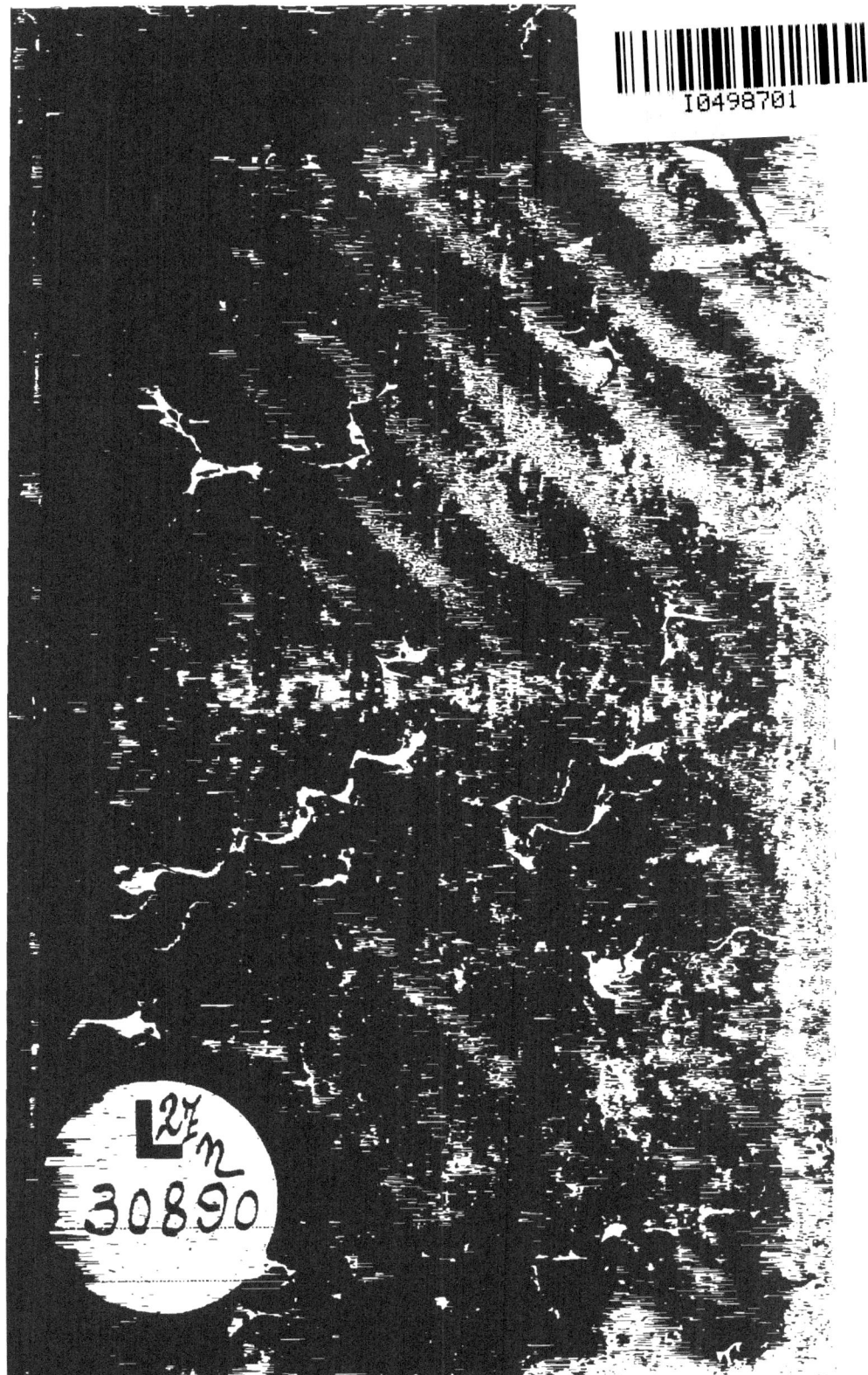

ÉTUDE

SUR

H. REGNAULT

PAR

A. ANGELLIER

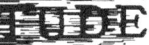

AVEC UNE EAU-FORTE

DE

PAUL LANGLOIS

PARIS

BOULANGER, LIBRAIRE-ÉDITEUR

82, RUE BONAPARTE, 82

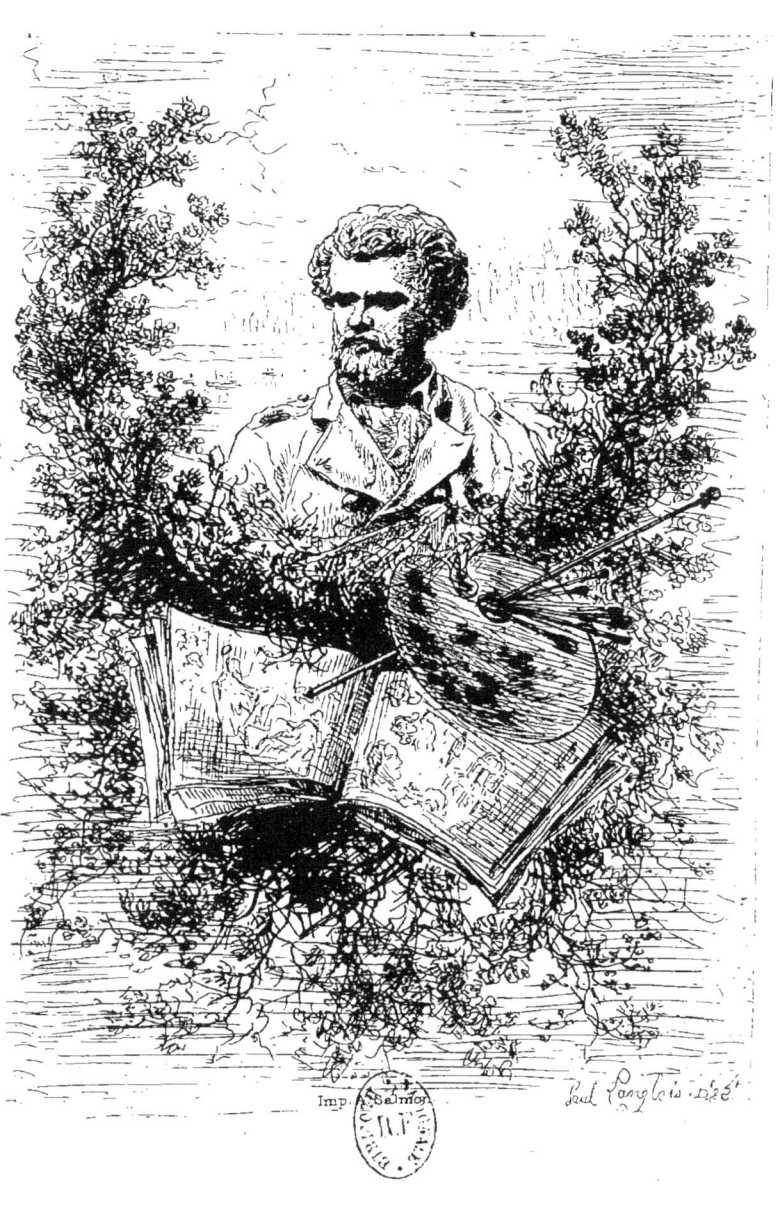

ÉTUDE

SUR

HENRI REGNAULT

MÊME LIBRAIRIE:

~~~~~

ÉTUDE

sur la

CHANSON DE ROLAND

par

A. ANGELLIER

909. — ABBEVILLE. — TYP. ET STÉR. GUSTAVE RETAUX.

ÉTUDE

SUR

HENRI REGNAULT

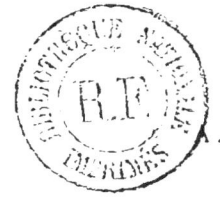

PAR

A. ANGELLIER

AGRÉGÉ DE L'UNIVERSITÉ

AVEC UNE EAU-FORTE

de

PAUL LANGLOIS

PARIS

L. BOULANGER, LIBRAIRE-ÉDITEUR

82, RUE BONAPARTE, 82

—

1879

A LA MÉMOIRE

de mon cousin Auguste Lacour

Je me souviendrai jusqu'à la perte du souvenir ou de la vie de cette matinée d'été où tu t'endormis du sommeil qui retire aux yeux leur regard. Par les fenêtres ouvertes, la chaleur et la lumière ardente montaient du jardin. Nous répandîmes sur ton lit les roses blanches qui croissent sur le pignon de la maison. Voici déjà un an !

Aujourd'hui, je te dédie ces pages consacrées à des œuvres que nous avons admirées ensemble, à des jours douloureux que nous avons traversés l'un près de l'autre, et à une jeune existence fauchée avant l'heure, dans la verte floraison de la vie, à l'âge même où la tienne devait l'être. Ton regret était de ne les avoir pas entendues et ton désir était de les lire. Les voici. Je vais les porter dans ta chambre vide en souvenir des joies et des tristesses partagées et comme le témoignage d'un regret qui ne se fermera pas et d'une affection qui vraiment fut fraternelle.

Août 1878.

A. A.

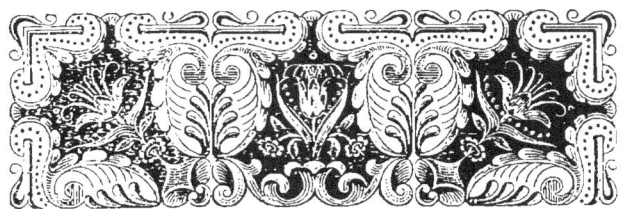

Dans une des cours de l'École des Beaux-Arts se trouve un monument à la fois glorieux et triste, élevé à la mémoire des anciens élèves tués pendant la dernière guerre. C'est un cénotaphe qui a la forme d'un portique, le portique d'un temple invisible où ceux-là seuls peuvent entrer qui laissent leur vie sur le seuil comme un sacrifice au devoir. Entre les deux colonnes qui soutiennent le fronton, une jeune femme de marbre blanc qu'on croirait détachée du tombeau des jeunes Athéniens morts pour la patrie, élève, avec un geste d'un élan adorable et d'une grâce divine, une branche de laurier vers un buste en bronze. C'est une tête mâle, énergique et loyale, faite pour être coulée en un métal impérissable, c'est le buste du peintre Henri Regnault, tué le 19 janvier 1871 à la bataille de Buzenval.

Si l'architecte a choisi Regnault comme la figure centrale du monument, si nous tous avons si souvent répété son nom avec un tremblement dans la voix, ce n'est pas que personne ait eu un moment la pensée de lui donner le monopole du dévouement et d'une jeune vie sacrifiée au pays. A Dieu ne plaise que nous fassions cette double injustice à la France et à ceux qui sont morts pour elle. Grâce au ciel, l'heure est loin de nous où nous oublierions que dans mainte poitrine saigne le souvenir de jeunes visages tôt disparus ; et qu'il n'est pas une de nos écoles, pas un de nos lycées, pas un de nos colléges qui n'ait sa plaque de marbre noir. Il suffit de prononcer le mot de Buzenval pour que les noms de Rochebrune, de Seveste, de Gustave Lambert viennent aux lèvres. Il suffit de jeter les yeux sur le monument même de l'École des Beaux-Arts, pour y voir gravés en lettres d'or, de chaque côté du buste de Regnault, les noms d'autres jeunes gens pour lesquels l'avenir était, comme pour lui, plein de promesses, et qui ont su, comme lui, bravement les immoler.

Mais il y avait dans Regnault une telle précocité et un tel éclat de génie, il y eut dans sa mort des détails si touchants, il avait à un âge où tant d'illustres sont encore élèves, une auréole si brillante de renommée en train de devenir de la gloire, et il l'a si généreusement sacrifiée, qu'il a mérité d'être pris comme le représentant, comme le symbole de l'espérance et du printemps de la France moissonnés avant l'heure.

Ce grand et enviable honneur nul n'en a été plus digne que lui. Nul n'a laissé plus que lui « l'impression d'un génie intercepté dans sa course radieuse (1) ». « Quand il mourut, dit M. Paul de Saint-Victor, chacun sentit qu'une flamme venait de s'éteindre et que quelque chose de précieux et d'irréparable venait d'être à jamais brisé. » Avec de merveilleuses facultés, il avait ce qui est nécessaire à quiconque veut devenir grand, une volonté inflexible. Il avait compris dès le début de la vie

(1) Emmanuel des Essarts.

que l'homme est ce qu'il se fait, et que de la même argile sort une œuvre d'art ou un vaisseau grossier, selon la manière dont on la pétrit, l'eau dont on la mouille, et le soleil auquel on la sèche. Sa nature était faite de fougue et de volonté, et il avait appliqué la seconde à diriger et à fixer la première. Sachant qu'à une âme forte il faut une enveloppe robuste, et que l'assurance que donnent des muscles bien trempés est souvent la moitié du caractère, il avait transformé un corps d'abord chétif et frêle en un corps d'une vigueur et d'une agilité surprenantes (1). Son âme elle-même, il l'avait menée à toutes les fontaines du beau. Il était musicien charmant, et, à ses heures, poète. Sa correspondance montre qu'il y avait en lui un écrivain d'un talent souple et original. Il ne laissait échapper aucune occasion de travail : en Italie, il fait des devoirs d'italien après de longues journées de chevalet et de promenades ; en Espagne, il apprend l'espagnol et la guitare ; à Grenade, il déchiffre les inscriptions mauresques et commence à apprendre l'arabe. Partout où il trouve quelque

(1) Il y a des hommes que l'on a rencontrés cent fois et regardés sans qu'il soit possible ensuite de dire comment ils étaient faits, figures indifférentes et sans traits, sortis de la masse banale et qui s'y perdent. Il en est d'autres qui n'ont fait que passer et qui demeurent distincts dans la nuit très-prompte qui les a saisis. H. Regnault que j'ai à peine connu était de taille moyenne ; mais son buste porté en avant, sa tête droite et très-ferme prêtaient à sa personne ce quelque chose de viril qui commande l'attention. Il avait le teint mat, son front peu développé, coiffé de cheveux noirs assemblés en boucles, se présentait à vous de telle sorte que vous deviez d'abord y lire la volonté. Ses yeux ne démentaient pas cette première impression ; ils étaient sérieux et profonds ces yeux d'où partait comme un trait une lumière rapide, qui savait plus sûrement que tous les appareils prendre l'empreinte des couleurs, et saisir dans les choses leur caractère caché. Sa barbe qu'il portait pleine et dont il prenait grand soin laissait voir ses lèvres d'un dessin correct, avec une ombre de sensualité. Ses mouvements étaient ceux des félins, silencieux et lents à l'ordinaire, inattendus parfois et d'une inconcevable souplesse quand le milieu où il se trouvait autorisait ces détentes rapides (Du Mesnil, *Paris et les Allemands*, Journal d'un témoin.)

chose à admirer il y court avec ardeur, comme il courra plus tard sur le mur de Buzenval. Il portait en lui l'amour de ce qui est grand et puissant et son âme orageuse était attirée par le colossal et le terrible. En peinture, il lui fallait Michel-Ange, en musique Beethoven, en architecture les monuments gigantesques des anciens empires de l'Orient. De même, il préférait aux nobles et tranquilles lignes de la campagne romaine, les âpres aspects des pays espagnols et les falaises granitiques de la Bretagne. Quant à son caractère et à son cœur, les souvenirs qu'il a laissés dans ceux qui l'ont connu, sa correspondance, sa mort en disent assez. Quelle âme il se serait faite, si pendant dix ans encore il avait pu l'orner et la fortifier !

Il naquit en 1843. Il était fils de M. V. Regnault, le savant illustre qui vient de rejoindre son fils dans la terre. Il avait été élevé au Collége de France et à Sèvres où son père était directeur de la manufacture de porcelaine et il avait fait ses études au lycée Napoléon. Ses amis d'enfance et de collége ont conservé pieusement les souvenirs de sa jeunesse, comme ils conservent aujourd'hui, ainsi que des reliques, ses premiers dessins. C'est dans les pages douloureusement émues qu'ils ont consacrées à ses jeunes années, qu'il faut rechercher les germes de sa vocation de peintre. C'est d'eux qu'il faut apprendre comment, étant petit enfant, il adorait les animaux et s'amusait à les dessiner ; comment un jour, au Jardin des Plantes, il fut trouvé dans la cage d'une jeune lionne dont il faisait le portrait et qui se laissait doucement faire ; comment au lycée il dessinait les batailles d'Arbelles, d'Issus ou de Rocroy et rapportait à M. Duruy, alors professeur d'histoire, la *Mort de Vitellius*, non pas sous la forme d'une rédaction, mais d'un dessin ; comment il faisait les portraits ou illustrait les livres de ses condisciples. C'est chez eux qu'il faut retrouver ces mille souvenirs d'enfance si chers et si précieux et il n'appartient à personne de substituer son récit au leur. Ce sont des riens auxquels une larme sert de parure, ce sont des choses insignifiantes auxquelles le tremblement de la voix donne leur éloquence, et c'est une déférence qu'on doit aux amis qui ont eu la douleur et les larmes, que de ne pas parler après eux de leur amitié.

C'est dans les livres de MM. Henri Cazalis, Henri Baillière et Arthur Duparc que ceux qui désirent connaître les détails de l'enfance et de la jeunesse de Regnault devront les chercher. Nous qui n'avons connu et aimé l'homme que par eux, nous nous refusons à ajouter un mot à ce qu'ils en ont dit ; il ne nous convient de nous occuper de lui que sous les côtés par lesquels il appartient à tous : son œuvre et sa mort ; nous ne pouvons qu'étudier l'artiste et admirer le patriote.

I

A sa sortie du lycée en 1861, Regnault devint élève de l'école des Beaux Arts et suivit l'atelier de M. Louis Lamothe qui était lui-même élève de Flandrin et de Ingres.

En 1865, il entra dans l'atelier de Cabanel. Ce fut en 1866 qu'il remporta le prix de Rome avec ce sujet : *Thétis apporte à Achille les armes forgées par Vulcain.* Voici comment le juge un de nos critiques les plus autorisés qui avait assisté au concours et en a conservé l'impression (1) :

> Lorsqu'on examine aujourd'hui la composition de Regnault que l'école des Beaux-Arts conserve dans son musée, on n'est nullement surpris qu'elle ait vivement frappé l'attention des juges. Ce n'est pas que l'œuvre ait une complète unité et que l'art de l'arrangement y soit poussé fort loin. Le groupe d'Achille pleurant sur le corps de Patrocle n'est pas des meilleurs et dans cette partie du tableau le talent du peintre ne se révèle guère que par la largeur avec laquelle sont traités les accessoires, notamment la peau de tigre qui recouvre la couche où repose le compagnon d'Achille. Mais il y a dans cette composition incomplète, une figure curieusement élégante et qu'un artiste de la plus rare distinction pouvait seul concevoir et peindre, c'est celle de Thétis.

(1) Paul Mantz. *Gazette des Beaux-Arts*, 1872.

Debout à l'entrée de la tente où son fils s'est retiré, elle apparaît sérieuse, étrange et charmante. D'une main, elle tient le rideau soulevé qui laisse voir la mer bleue et un coin du ciel ; de l'autre, elle présente le casque ciselé par l'armurier divin. Le rayon lumineux la frappe par derrière et sa poitrine est caressée par les demi teintes légères d'un jour de reflet. Une coquetterie suprême a présidé à la toilette de Thétis. Un ruban noir s'enroule dans ses cheveux cendrés et répète harmonieusement la note de son noir sourcil. Les bras et le haut du torse sont nus, une ceinture bleue dessine sa taille : sa robe est d'un gris violacé, clair dans les lumières, foncé dans les parties inférieures qu'enveloppe la pénombre. Une draperie, de cette nuance délicate qui va du saumon à l'orangé, complète l'ajustement de la déesse et accentue, selon les exigences de l'art le plus savant, les bleus de la ceinture et l'azur du lointain paysage. Ainsi, pour la combinaison des couleurs, cette figure de Thétis et toute cette portion du tableau appartiennent à l'ordre des choses raffinées et exquises ; au point de vue de l'attitude et de la désinvolture, la Thétis de Regnault semble dans son élégante sveltesse descendue d'un bas-relief de la Renaissance. Qui donc, dans l'école, aurait ainsi composé et peint cette figure ? Nul assurément. Artistes et critiques nous restâmes tous d'accord qu'il y avait là une révélation des dons les plus rares ».

Ce fut au commencement de mars 1867 que Regnault se mit en route pour Rome. Sa correspondance s'ouvre par une suite de charmants paysages si bien vus et si finement colorés comme en écrivent souvent les peintres. C'est d'abord Marseille dont il nous retrace l'aspect dans deux vues qui pourraient se servir de pendants : l'une de jour, l'autre de nuit. Puis c'est une description de la route de la Corniche, sans cette crudité de couleurs et ces brusques coupures d'ombre comme par un jour de soleil ; mais avec les demi-teintes adoucies et grisâtres d'un jour de brume, en sorte que le paysage gagne en distinction ce qu'il perd en éclat. « La mer reflétait le ciel gris et par moments prenait des teintes d'un vert tendre inimaginable. »

Voici la première des cités italiennes, de ces cités toutes rayonnantes de la beauté de plusieurs siècles, vrais musées où les rues sont des galeries, où les statues respirent librement le grand air des places, voici Gênes la ville des marbres et des palais, et les premières impressions artistiques de notre voyageur commencent. Il visite les vestibules, cours et escaliers de l'Université, ancien palais Durazzo. Il voudrait voir penchées sur les balustrades qui s'étagent en galeries sur la cour, quelques belles dames du seizième siècle étalant ces brocarts d'or et de soie qui devaient briller avec tant de richesse sur les beaux marbres blancs de l'architecture. Avec un coup d'œil et une langue d'artiste, il parle de la cathédrale à qui ses marbres blancs et noirs alternés donnent une sévérité imposante dans une harmonie sombre où la plus petite note rouge ou violette prend une puissance incroyable.

Après Gênes, voici Florence, la sévère et élégante Florence dont les palais qui dressent leurs créneaux au-dessus des maisons et allongent le long des rues leurs épaisses murailles nues, bâties de blocs sombres, percées de rares fenêtres défendues par des grilles et de lourdes portes de chêne armées de fer, ont l'air farouche de forteresses. C'est par excellence la ville de la Renaissance italienne, surtout en ce que celle-ci a de moderne. La Renaissance a deux faces : l'une qui regarde les temps anciens, l'autre tournée vers les siècles nouveaux ; elle est faite de deux éléments : l'étude de l'antiquité et l'observation de la nature. Quand le premier a prévalu, elle a produit des œuvres qui rappelaient les formes généralisées et universelles des Grecs ; quand ce fut le second, elle a produit des œuvres plus particulières et individuelles. La rude et fière Florence dont le climat a ses duretés, qui connaît le vent du nord et qui n'a pas « ces charmes trop puissants qui, par l'excès et la continuité du plaisir détournent l'homme du travail de penser et de l'effort de vouloir », (1) a été avant tout la ville de la force individuelle. Ses fils ont vécu d'une vie personnelle très-intense et très-âpre, et si d'autres villes ont pro-

---

(1) M. G. Perrot dans un substantiel article de la *Revue des Deux-Mondes* (mai 1878).

duit des œuvres qui rappellent davantage cette beauté généralisée qui est, pour ainsi dire, la loi de la forme humaine et qui fut l'art antique, la ville de Michel-Ange, d'Andréa del Sarto et de Léonard a surtout donné des œuvres d'un caractère particulier, où l'expression l'emporte sur la forme et la vérité sur l'idéal. C'est précisément là le trait distinctif de l'art contemporain, et Regnault, dont la nature essentiellement moderne était éprise de la vie sous sa forme immédiate, devait se plaire à Florence plus qu'ailleurs, et la préférer aux autres centres d'art. Venise seule, à cause de ses coloristes, aurait pu l'attirer et le retenir par un charme aussi fort. Aussi, avec quel enthousiasme il court du Palazzo Vecchio à la loge d'Orcagna, au campanile de Giotto, au dôme de Brunelleschi, à la chapelle des Médicis, aux galeries Pitti et aux Offices. Que de choses à voir : ici le Persée de Benvenuto Cellini, là les Raphaël du palais Pitti, là les marbres de Michel-Ange, là les André del Sarto et les Masaccio, plus loin les immenses fresques des primitifs, de Fra Angelico, de Ghirlandajo, si merveilleuses avec leur charme de couleurs et leur harmonieux aspect de tapisseries. C'est une fièvre d'admiration qui va jusqu'au délire.

« J'ai quitté Florence avec beaucoup de regret. J'avais la tête brisée : quand je fermais les yeux, je voyais danser devant moi les grands marbres de Michel-Ange couverts de peintures de Ghirlandajo ou autres, ayant pour têtes le campanile du Palais-Vieux et pour piédestal des palais tout entiers, des églises de marbres noirs et blancs ! J'étais complétement abruti. Je reviendrai bientôt à Florence : c'est une mine de trésors. »

Tout écrasé d'admiration, Regnault reprit le chemin de Rome. Le 14 mars, il apercevait les deux campaniles blancs de la Villa Médicis et passant sous les chênes verts qui lui servent de premier portique, il arrivait devant cette gracieuse façade tout ornée de bas-reliefs et cette loge qui donne sur les lauriers et les myrtes du jardin. La loge de la Villa Médicis ! Qu'il y a de choses dans ces mots ! Dans combien de rêves est elle apparue comme un but lointain et une récompense suprême ! Que de courages elle a soutenus pendant les années de pauvreté et de travail ! Que de fois, sur les murs nus des mansardes, elle s'est enflammée comme une vision si éblouissante et si glorieuse qu'il semblait que la pauvre chambrette s'emplissait soudainement de lumière ! Aussi qu'elle paraît belle aux nouveaux arrivants, avec ses quatre grandes colonnes de marbre si bien veinées, ses deux lions couchés, sa vasque de granit où brille un jet d'eau et son escalier qu'ont gravi tant d'illustres ! Que de jeunes ambitions l'ont saluée avec confiance, que de vieux souvenirs y retournent avec tendresse ! C'est le portique de l'avenir où tous montent avec espérance, par lequel quelques-uns pénètrent dans la renommée. Et rarement la vieille loge qui a vu passer presque toutes nos illustrations artistiques avait vu venir à elle plus de jeunesse et de promesses que le jour où le pauvre Regnault y arriva.

La première impression que Regnault ressentit à la vue de Rome fut du désappointement. Il ressemblait en cela à beaucoup d'autres. Nous avons été tellement habitués à admirer les Romains; nous avons été tellement nourris des écrits vaniteux et quelquefois mensongers de ce peuple qui se croyait encore plus grand qu'il ne l'était et dont la force, après tout, n'atteignit pas les limites que s'était assignées son orgueil ; nous avons tellement vécu avec ces hommes qui ont pu faire écrire au plus tendre et au plus grec de leurs poëtes ce féroce vers germanique :

Tu regere imperio populos, Romane, memento ;

nous avons été si peu accoutumés à donner à l'antiquité le contrôle nécessaire et vivifiant de l'existence actuelle et à juger des dimensions du Forum en les rapprochant de celles de la place du Carrousel, que nous nous sommes dit que nous ne pourrions jamais concevoir tant de grandeur. Nous nous sommes évertués pour y atteindre, nous nous sommes efforcés ; nous avons ajouté nos imaginations aux déclamations entassées par les modernes sur les exagérations des auteurs latins ; nous sommes arrivés à la conception de quelque chose de démesuré et de vague et quand nous nous trouvons en face de ce qui fut vraiment grand, nous nous disons : « N'est-ce que cela ? » C'est ce qu'éprouva Regnault.

> Tu éprouveras sans doute, quand tu viendras me voir, la même impression que celle qui m'a poursuivi pendant tout le temps de ma promenade. On ne peut s'empêcher de marcher avec un respect religieux dans ces rues, dans ces places où chaque pierre raconte un triomphe ou un meurtre ; mais l'on est constamment surpris des dimensions moyennes de tous ces édifices auxquels l'imagination prêtait une grandeur en rapport avec les souvenirs qu'ils rappellent ; l'Arc de Titus a l'air d'un joujou à côté de l'Arc de Titus qu'on s'était construit dans la tête. Cette Voie triomphale qui conduit au Capitole par tant de détours et suit des mouvements de terrain si brusques, n'étonne que par son peu de largeur et toutes ses sinuosités. La seule chose qui réponde à notre besoin du colossal, c'est le Colisée... Je crois que les architectures des Assyriens et des Égyptiens avec leurs immenses avenues de colosses de granit, leurs cours énormes, leurs temples étagés et précédés de larges escaliers étaient bien plus en harmonie avec la grandeur de ces peuples..
> Nous avons, au contraire, peine à comprendre comment le peuple romain, qui commandait à la moitié de la terre, pouvait se contenter de ce petit Forum (rétréci encore par tous les temples qui l'entouraient), et comment ces conquérants, ces héros géants, passaient sans se heurter la tête sous de pareils arcs de triomphe, et sans écraser contre leurs parois les trophées et les troupeaux d'esclaves attachés à leurs chars. Rappelle-toi les murailles de Ninive, sur lesquelles vingt-cinq chars pouvaient marcher de front, et ces vieux temples indiens composés d'une quinzaine d'étages dont on n'atteignait le premier qu'après avoir gravi plusieurs terrasses superposées et d'interminables escaliers... Nous voyons là un superbe étalage de magnificence et de pompe religieuse. Sur ces centaines de marches des troupes de prêtres et de sacrificateurs ; tout autour, des populations entières, occupant pendant plusieurs jours pour assister à ces fêtes, des palais immenses... Je ne vois ni Marius, ni César monter au Capitole par cette misérable voie triomphale...

C'est l'inévitable déception qui attend les gens d'éducation classique lorsqu'ils mettent pour la première fois le pied dans la Ville Éternelle. Mais souvent, au bout de quelques mois de séjour, cette impression s'affaiblit et s'efface. Vous avez quelquefois vu une ville envahie par le brouillard. Les moindres objets y prennent des dimensions énormes, car on ne voit pas où ils finissent et leur grandeur provient de leur effacement ; tout est gigantesque et douteux ; c'est un chaos d'ombres colossales et incertaines. Arrive un coup de vent qui chasse la brume. Il en sort une ville qui semble petite, où tout est restreint parce que tout est réel, où les objets sont finis parce qu'ils ont un contour net et que le soleil leur donne les limites arrêtées de sa clarté. Il en est ainsi pour Rome. La fausse et confuse image qu'on s'était faite, et qui apparaissait avec les dimensions agrandies et les lignes indécises des choses vues à travers le brouillard, cède au spectacle répété de cette architecture qui prend, sur un ciel d'azur, toute sa fermeté et sa précision. On comprend combien la Rome qu'on voit est plus vraie que celle qu'on rêvait. Peu à peu, on en sent mieux la beauté. On se plaît à errer dans ces ruines, à s'asseoir sur un socle contre lequel Virgile s'est peut-être appuyé, à écarter une touffe de feuillage qui cache une inscription, à voir un groupe de colonnes grandir dans l'ombre qui tombe, à songer dans ces lieux pleins d'une poussière illustre. On se laisse ainsi pénétrer par ces souvenirs jusqu'au jour où l'âme s'ouvre tout entière au charme puissant et mélancolique qui flotte dans ces crépuscules d'un pourpre si riche et si tendre qui jettent un manteau impérial sur le sépulcre du peuple-roi. C'est alors seulement qu'on comprend et qu'on aime la Rome antique.

Il ne semble pas que cette heure pleine de recueillement et de respect soit jamais venue pour Regnault. Il n'a pas fermé les yeux pour revoir les sept collines encore sauvages, toutes noires par l'ombre des forêts d'yeuses, les premières huttes romaines, et le vieux Capitole avec sa louve d'airain et la

Rome de briques et la Rome de marbre qui fut moins grande. Il n'a pas oublié le présent pour évoquer les grands morts. Dans sa correspondance, je ne vois pas trace de ces matinées heureuses que Stendhal a passées dans le Colisée à regarder ce ciel d'un bleu si pur qu'on aperçoit à travers les fenêtres du haut de l'édifice ; ni des soirées qu'y a connues Byron quand la lune montante semble se reposer sur l'arche la plus élevée et que les étoiles scintillent à travers les ouvertures ; ni de ces nuits où lord Nelvil contemplait les pâles ombres du Tibre et les rayons de la lune qui éclairaient les statues placées sur le pont Saint-Ange et en faisaient comme des ombres blanches regardant fixement couler les flots et les temps qui ne les concernent plus. Regnault n'a pas connu cela. La religion et la mélancolie de ces lieux, autrefois agités d'une vie puissante dont il ne reste que les tombeaux et la poussière, ne l'ont pas pris au cœur et ne l'ont pas contraint à songer pendant des heures.

C'est que Regnault, pour employer une belle expression de madame de Staël, n'était pas de ces âmes rêveuses que la mort occupe autant que la vie et qui perdent quelquefois le sentiment du présent dans la contemplation du passé. Ce qu'il cherchait avant tout, c'était la palpitation de la vie actuelle plutôt que la poussière des vies éteintes. Quand il entendait les bœufs mugir dans le Campo Vaccino ce n'était pas pour songer qu'un jour, quand le Capitole étincelait des toits dorés des temples, Virgile se reportait vers les temps lointains où les bœufs mugissaient dans le Forum Romain. Sa première pensée était de les admirer. Ce rapprochement qui contient une si grande leçon le frappait moins que les formes nobles des animaux, leur peau reluisant au soleil, leurs cornes aiguës et l'aspect pittoresque de leurs pasteurs. Cela était naturel : son art, son époque, sa nature, son âge le portaient également de ce côté. Les peintres plus amoureux de formes que de pensée, sont plus habitués à regarder qu'à rêver, et, parmi eux, les coloristes épris de l'éclat haïssent le plus la teinte triste des choses mortes. Notre temps, plus avide de faits que de réflexions, s'occupe des autres temps plus pour les étudier et les comprendre que pour les regretter et les plaindre. Enfin, Regnault était fougueux et jeune. Sa riche nature débordante, plus active que contemplative, préférait l'effort à la méditation; la vie était trop nouvelle, chantait encore trop haut en lui, et pour la rêverie des ruines il faut le silence intérieur. Il n'avait pas encore connu la souffrance, qui, selon Stendhal, est nécessaire pour goûter Rome (1), et d'ailleurs c'est plus tard seulement, et vers le soir, que les âmes s'apaisent et que vient l'heure où les souvenirs prennent une grande place dans la vie. Le jour appartient à la lumière et au mouvement; c'est quand le soleil baisse et quand le vent tombe que les eaux deviennent assez calmes pour réfléchir les ombres.

C'est pourquoi le côté classique de Rome l'attira moins que le côté anecdotique et le côté pittoresque. Il n'aime guère à errer dans les ruines pour évoquer les vieux Romains en toge, mais bien plutôt dans les quartiers éloignés, dans les ruelles, dans les marchés, dans les coins de place, autour des fontaines, partout où, en plein soleil, il peut voir des Romains en chapeaux de feutre et en grands manteaux. Un jour il ob-

---

(1) Voici ces lignes où le froid Stendhal va jusqu'à l'émotion et la poésie : « De la table où je suis, je vois les trois quarts de Rome; et en face de moi, de l'autre côté de la ville s'élève majestueusement la coupole de Saint-Pierre. Le soir, lorsque le soleil se couche, je l'aperçois à travers les fenêtres de Saint-Pierre, et, une demi-heure après, ce dôme admirable se dessine sur cette teinte si pure d'un crépuscule orangé, surmonté au haut du ciel de quelque étoile qui commence à paraître. — Rien sur la terre ne peut être comparé à cela. L'âme est attendrie et élevée, une félicité tranquille la pénètre tout entière. Mais il me semble que pour être à la hauteur de ces sensations, il faut aimer et connaître Rome depuis longtemps. Un jeune homme qui n'a jamais rencontré le malheur ne les comprendrait pas » (*Promenades dans Rome*.)

serve des valets de cardinaux tout roides dans leur livrée ; un autre jour, un barbier en plein vent, des joueurs de boule ou de mora, des bouquinistes, des contadini qui boivent, des femmes de la campagne. Il s'arrête pour voir passer le cortége pontifical à la fête de la madone ou les écoliers des séminaires, costumés en petits abbés avec de volumineux tricornes sur leurs corps grêles et leur minois enfantins. De ses promenades, il rapporte une série de dessins destinés à l'ouvrage de M. F. Wey. Tout y est pris dans la Rome vivante : on y voit l'étroite ruelle et les voûtes basses du marché au poisson, l'eau noirâtre du quartier des tanneurs, le marché de la place Navone, les pâtés de masures entassées sur les bords du Tibre ; pas une seule tombe, pas un socle de colonne, pas un coin de bas-relief, rien de la Rome morte.

C'est pourquoi encore il préférait à la Rome ancienne la Rome de la Renaissance et aux monuments des empereurs ceux des papes. Volontiers, quittant le quartier de jardins et de terrains incultes où sont les ruines, il prenait par le pont de Saint-Ange et traversait la place que le Bernin a entourée de sa belle colonnade. C'était sous les ardeurs du jour, car il était épris et insatiable de lumière ; il l'aimait jusqu'à l'éblouissement. La place déserte semblait immense ; les dalles dont elle est pavée blanchissaient sous les rayons du soleil, l'obélisque qui se dresse au centre jetait une ombre solitaire et les deux fontaines étincelaient pleines d'iris. Il gravissait les degrés de Saint-Pierre et écartait le lourd rideau de cuir qui en ferme l'entrée. Là, il trouvait l'éclat, la lumière, la magnificence qu'il aimait. Tout ici est de matériaux brillants et précieux. Quel éblouissement en pénétrant dans ce temple immense avec ses piliers revêtus de marbres polis de toute nuance, ses balustrades, ses festons de marbre et de bronze, ses murs diaprés de mosaïques, sa gloire peuplée d'anges dorés, ses statues colossales de bronze et d'or, son baldaquin, ses colonnes torses de bronze doré, ses autels ornés d'améthystes et de pierreries ! Le pavé en marbres de diverses couleurs reflète toutes ces richesses comme une glace. Le jour, non pas le jour rare et affaibli qui filtre par les anciens vitraux des cathédrales gothiques, mais le jour abondant et radieux ruisselle à flots des larges fenêtres et inonde l'édifice. Les plaques de pierre polie miroitent, les dorures scintillent, les bronzes pétillent sur leurs reliefs et chatoient avec un riche éclat fauve dans l'ombre, les pierres précieuses flamboyent ; marbres, métaux, pierreries se renvoient leurs reflets et les dalles du pavé les réfléchissent et les multiplient dans des irradiations infinies. Si on ajoute à cela les vapeurs de l'encens qui montent en volutes violacées sous cette voûte élevée et les cortéges splendides des cérémonies qui se déroulent sous la nef immense, on a un spectacle d'une magnificence et d'une couleur qui transportaient Regnault.

Le jour de Pâques surtout, c'était inouï. J'étais sous le vestibule, au moment où les grandes portes du milieu se sont ouvertes, laissant apercevoir le fond de l'église dans une sorte de brouillard lumineux, au milieu duquel se profilait le grand dais à colonnes torses qui surmonte l'autel. Grâce aux fumées d'encens et aux rayons de soleil qui les traversaient, la profondeur de Saint-Pierre était plus que triplée. La nef plus près de nous était un peu sombre et, au milieu de la porte, la procession des cardinaux, des évêques de tout pays, avec leurs grandes mitres blanches, arrivait sur nous, dominée par le pape, porté sous un dais rouge et couronnant ce splendide tableau si merveilleusement encadré. De ma vie je n'ai vu chose plus belle et plus grandiose.

Quelques instants après, dans la grande loge toute tendue de rouge, sous un immense velum qui mettait dans une ombre transparente presque toute la façade de Saint-Pierre, le saint-père apparaissait porté sur son trône, sous un dais, accompagné de deux énormes éventails en queues de paons blancs, et d'une voix forte et sonore il donnait la bénédiction à tout le peuple à genoux couvrant la place entière. C'était le spectacle le plus grand et le plus émouvant qu'on puisse rêver. Debout sur le pavois, les bras étendus sur la foule, le saint-père se voyait de toute la place et sa voix s'en allait au loin, au milieu d'un silence incroyable. Le centre de la place était occupé par l'armée pontificale, tant fantassins que cavaliers. Après la bénédiction, le peuple a poussé des cris de : *Viva il santo padre, re!* en agitant des palmes et des mouchoirs. J'ai remporté de cette scène une impression profonde, et je ne crois pas qu'en aucun pays il puisse y avoir rien d'aussi beau et imposant, tout à la fois au point de vue moral et au point de vue artistique.

Après avoir assisté à la fête de Saint-Pierre, la plus belle après celle de Pâques, il écrit à son père :

Quel merveilleux tableau que la procession dans Saint-Pierre ! C'est d'une couleur extraordinaire qui réunit toutes les qualités imaginables de richesse de tons, de vigueur, d'harmonie et de composition. Quel fond que cette abside de Saint-Pierre où s'élève un immense dais de velours grenat aux franges d'or, qui se détache sur le grand vitrail couleur d'or représentant le Saint-Esprit, vitrail ovale entouré de nuages et de rayons d'or, le tout au milieu de la pierre grise, qu'illumine une lumière étincelante, adoucie par la fumée de l'encens.

Et ces grandes colonnes torses, en bronze, du grand autel, faisant une silhouette sombre ! C'est étonnant !

La statue de bronze de saint Pierre est magnifiquement décorée pour la circonstance ; la tête est coiffée d'une superbe tiare toute recouverte de pierreries. Une grande draperie de brocart or et rouge violacé enveloppe la statue, derrière laquelle est un fond de brocart or et rouge aussi, mais d'un autre rouge plus chaud.

Au-dessous du dais en velours grenat à franges d'or, et devant la statue, de magnifiques candélabres avec des pieds ciselés, dit-on, par Benvenutto Cellini. C'est une magnifique idole indienne ; cette figure et cette main de bronze noir, au milieu de ces draperies si riches et de toutes ces pierreries font penser à une divinité de l'Inde. Indien ou Romain, toujours est-il que c'est admirable.

Il y a un moment dans la fête où la procession s'arrête au milieu de l'église, les cardinaux et monsignors portant toutes les tiares et mitres du Saint-Père, les gentilshommes des cardinaux vêtus de soie noire avec épée d'acier au côté, les gardes suisses en cuirasses damasquinées portant la Miséricorde à deux mains. Les évêques étrangers et orientaux sont dans leurs plus beaux costumes, les gardes nobles en grande tenue rouge et or, casque en tête et culotte de peau. Tout cela s'arrête subitement et se retourne vers le pape, porté sous son dais de velours par des gentilshommes, couverts de costumes du seizième siècle en velours et soie rouge, et entouré de ses grands éventails en plumes de paons blancs et en plumes d'autruches blanches. Le pape alors proclame un manifeste quelconque, proteste contre les ennemis de la foi..., etc. Cette scène est unique de beauté, et on ne peut avoir idée de pareille grandeur et de pareille pompe.

La campagne romaine le frappa plus que Rome elle-même.

Il la trouve merveilleuse. C'est elle, dit-il, qui l'impressionne le plus vivement, c'est ce qu'il a vu de plus écrasant. Mais il ne faut pas nous y tromper. Ce qu'il aime, ce n'est pas ce qui en est le caractère propre et en fait le plus sublime paysage de l'Italie. Ce n'est pas son grand aspect désolé, sa plaine nue couverte d'herbe fauve, ses voies bordées de tombeaux, ses routes pavées de larges dalles, ses aqueducs qui coupent si noblement le ciel et dont les files d'arches ressemblent à de longues théories funèbres venant pleurer sur les débris de Rome. Non ! La tristesse, la grandeur de ces ruines éparses au milieu du silence et de la solitude dans la pure lumière du jour italien ne le saisirent pas. Il ignora le côté historique qui fait de la campagne romaine le plus beau paysage de style qu'il y ait au monde et n'y vit pas un merveilleux tableau sévère et lumineux qu'on croirait dessiné par le Poussin et peint par Claude Lorrain. Ici encore le passé disparaît pour lui devant le présent. Ce n'est pas ce que l'homme y a laissé qui le frappe et son admiration n'emprunte rien au souvenir. Ce qu'il voit, c'est la nature elle-même, à laquelle les œuvres des temps passés n'ajoutent rien ; ce sont les admirables mouvements de terrains et les silhouettes des montagnes d'une variété et d'une noblesse prodigieuses. Aussi c'est au delà de la plaine de Rome, dans les pays pittoresques qui la ferment qu'il va chercher ces paysages dont il a laissé de si charmantes et si vives descriptions. Quelques-unes sont de véritables bijoux.

Sur les hauteurs de Tusculum, nous avions en face de nous la campagne et Rome au fond. Un peu à gauche, la mer qui étincelait, puis le mont Cavi et l'adorable village de Rocca di Papa, planté sur un roc et s'étageant en amphithéâtre sur le flanc de la montagne ; encore plus à gauche, la suite des montagnes albaines. A droite nous avions les montagnes de la Sabine, aux arêtes accentuées et fermes comme de l'acier. Les arbres qui couvraient le mont Cavi ressemblaient à un velours grenat usé ; la plaine était rousse, et la partie des montagnes dans l'ombre, d'un bleu de pierre précieuse. La mer était en feu, le ciel sillonné de grands nuages ; *c'était splendide*. Je comprends qu'en plaçant leurs théâtres devant de semblables merveilles, les anciens aient pu se passer de décors. Les plus riches feraient triste mine en face de cette magie de la nature.

Pendant une heure ou deux, nous avons longé les rives de ce lac qui, dit-on, a cent soixante mètres de profondeur. C'est le lieu le plus délicieux qu'on puisse voir. De beaux arbres penchés et presque déracinés par les eaux qui tombent des côtes à pic, s'allongent au-dessus du lac et y trempent leurs grandes branches. Nous avons vu l'emplacement d'un temple de Diane dont il ne reste plus que quelques pierres. C'était bien la place de Diane au milieu des bois, auprès d'un lac bordé par endroits de longs roseaux dorés, au pied d'une belle montagne. Quelle tranquillité, quel mystère ! De toutes parts des côtes boisées. Les anciens n'étaient pas si bêtes d'avoir choisi ce lieu pour y mettre un temple de Diane. J'aurais fait des bassesses pour en être le grand prêtre.

Nous nous sommes reposés à l'ombre devant ce calme charmant de la nature, et nous avons grimpé jusqu'à Némi, situé à mi-côte, sur la partie la plus abrupte et la plus verticale de la montagne.

Du sommet nous avons vu le coucher du soleil se refléter d'abord à nos pieds dans le lac, puis de l'autre côté des montagnes et par delà les plaines du Latium, dans la mer. Je crois que c'était encore plus beau que ce que nous avions vu la veille.

Après avoir erré quelque temps dans un bois, nous avons trouvé un chemin creux et fantastique avec des arbres dont les racines minées par les eaux formaient voûte au-dessus de nos têtes, et nous avons regagné Albano avec l'ardeur de voyageurs pris par la nuit et terriblement affamés.

Il décrit ainsi une excursion à Ostie :

.....Nous sommes partis dans la nuit de dimanche à lundi, à trois heures du matin, munis de vivres et de munitions, et nous sommes arrivés à Ostie vers six heures, complétement gelés. Au petit jour nous nous sommes mis en route pour les étangs.

Je me suis cru plus d'une fois sur le Nil ou sur les lacs d'Afrique, tant la pureté de l'air et l'éclat du soleil donnaient à la nature un aspect oriental.

Les étangs s'étendent très-loin dans de vastes plaines, bornées à l'horizon par les montagnes de la Sabine et les monts Albains d'un côté, et de l'autre par de grandes forêts de pins parasols qui vont jusqu'à la mer. Rien n'est plus beau que ces grands bois sombres, formant de belles lignes, sévères et fermes, se reflétant dans une eau calme et éclatante que réfléchissait le bleu du ciel en lui prêtant le brillant des pierres précieuses. Jamais de ma vie je ne me suis cru plus loin du monde connu, plus isolé, qu'au milieu de ces grands roseaux qui enferment les étangs dans un cercle d'or. L'aspect primitif de nos pirogues, l'air sauvage et misérable de nos rameurs ajoutaient encore à l'illusion.

Les montagnes du fond, encore couvertes de neige, paraissaient énormes et dessinaient leurs belles arêtes sur un ciel lumineux et vibrant comme le ciel d'Orient. C'était magique, féerique, tout ce que vous voudrez, et ces distractions artistiques ont bien pu me faire manquer quelques bêtes. Qu'importe ?... Cette journée restera dans mes souvenirs de voyage comme une des plus belles et des plus remplies d'impressions profondes.

Que si nous cherchons dans la correspondance de H. Regnault l'impression que les œuvres d'art ont faite sur lui pendant son séjour en Italie, nous arriverons à des conclusions analogues. Il ne semble pas qu'il ait été poursuivi, autant que d'autres, par la grâce tranquille et mélancolique des figures qui sourient dans les demi teintes de Léonard, ni qu'il ait savouré la grâce tendre et moëlleuse des femmes et des amours qui flottent dans la lumière argentée du Corrège. Il admire Raphaël, mais quand il arrive à la force et non quand il reste dans sa grâce divine, le Raphaël des Stanze et non celui des Madones et des Enfants-Jésus. Quant aux chefs-d'œuvre de l'art antique si nombreux à Rome et qui y semblent si beaux à cause de la lumière qui se rapproche davantage de celle où ils naquirent, on ne voit pas qu'il en fasse une seule fois mention. C'est qu'il n'aime pas ou plutôt qu'il aime moins ce qui est calme, simple, charmant et mesuré. Où vont ses préférences ? Tout à l'opposé : vers le mouvementé, l'étrange, le terrible, le gigantesque. Aussi resta-t-il écrasé d'admiration devant Michel-Ange. Que de matinées il a sanctifiées à la chapelle Sixtine devant le dieu Michel-Ange. Cette puissance surhumaine le terrasse et il tremble devant lui. C'est un cri de stupéfaction et de peur:

Je reviens du Vatican. Je me suis prosterné devant les peintures de la chapelle Sixtine et devant les *Stanzes*. Je suis broyé. Ce géant de Michel-Ange m'a laissé à moitié mort : c'est un coup de foudre que ce plafond. Voilà qui est au-dessus de tout ce que peut concevoir une imagination de peintre, de sculpteur et de poëte, et qui ne doit jamais donner de désillusion. J'avoue qu'en présence de ce plafond, la merveille des merveilles, je n'ai pu regarder le *Jugement dernier*.

Comme disposition générale, comme tournure, ce plafond est monstrueux de beauté colossale ; comme ton, il est de l'aspect le plus agréable, le plus doux et le plus puissant que l'on puisse rêver ; mais c'est un vrai cauchemar. En tombant du cinquième, on ne se ferait pas plus de mal ; c'est trop beau. Je n'ai pas ressenti après cette visite-là cet entrain, cette verve que vous donnent généralement les maîtres lorsqu'on a causé avec eux.

Et plus loin :

Que voulez-vous qu'on fasse quand de but en blanc on se trouve en face de ce géant de la chapelle Sixtine ? Que peut-on oser devant lui, quand à chaque visite on est écrasé sous un double sentiment d'étonnement et d'admiration, tellement étrange, qu'on se demande si ce n'est pas de la peur ? Pour moi, Michel-Ange est un dieu auquel on n'ose pas toucher : on craindrait qu'il n'en sortît du feu.

Pour l'instant du moins, je n'ai pas envie, je ne me sens pas le courage de l'aborder ; je pressens même qu'il me ferait plus de mal que de bien et je me contente de lui rendre un culte contemplatif. Mais quant à l'attaquer les armes à la main, j'avoue que je ne m'en sens pas encore la force.

Et pourtant j'en comprends bien, je crois, toute la grandeur, toute la beauté écrasante pour l'ensemble de l'art. Rien évidemment ne pourrait supporter un parallèle avec lui : c'est un colosse qui écrase tout ce qui l'approche.

Voilà pourquoi je n'ai pas encore travaillé à la chapelle Sixtine, voilà pourquoi, si j'avais été mieux portant, j'aurais fait des études d'après nature aux environs de Naples, voilà pourquoi, si la saison était moins chaude qu'elle ne l'est déjà à Rome, et si j'étais imprudent, j'irais faire des études dans la campagne romaine où je connais tant de paysages d'un caractère si fier et dont les aspects variés et toujours grandioses m'émerveillent sans cesse ; voilà pourquoi, enfin, je vais aller étudier des maîtres qui me font moins peur que Michel-Ange.

A Florence, il aperçoit le Persée de Benvenuto Cellini, c'est un cri d'admiration.

Le *Persée* de Benvenuto Cellini : c'est admirable ; d'une sauvagerie et en même temps d'une beauté étrange. Rien que le casque et la coiffure du Persée serait déjà un merveilleux chef-d'œuvre.

Le manque de proportions, le rapport faux entre la longueur du tronc et la longueur des membres, la vulgarité des jambes, la lourdeur de la main, tout cela disparaît. Il aime tellement les qualités de vigueur qu'elles suffisent à lui cacher tous les défauts. Il en est même si épris que parfois il se laisse séduire par ce qui n'en a que l'apparence. Au Palais Barberini, il visite le plafond de Pierre de Cortone qui sans doute ne fut pas une âme vulgaire et qui, venu en des temps meilleurs, aurait mieux compris les grandes choses (1), mais qui, victime de son époque, a remplacé la puissance par la pompe, le mouvement des corps par le contournement des attitudes, qui a chargé l'expression de ses visages et entouré ses figures de draperies volantes et qui, tout compte fait, n'a eu que l'ambition de la grandeur. Cela seul suffit à Regnault pour écrire:

> Je suis allé au palais Barberini voir un admirable plafond de Piétro de Cortone. Voilà un homme dont nous n'avons au Louvre que de mauvais tableaux et qui a peint à fresque, dans une énorme salle, un plafond vraiment merveilleux comme composition, comme effet et comme aspect de ton. Il y a là dedans un mouvement, une fougue, une harmonie, une vigueur qui m'ont bien étonné.

L'impression générale qui ressort de la correspondance de Regnault pendant son séjour à la Villa Médicis, c'est qu'il n'a pas beaucoup aimé l'Italie. Sur ce point, ceux qui ont parlé de lui avec le plus d'autorité sont d'accord. « L'austère Florence, dit M. Charles Blanc, le séduisit peu et Rome ne lui plut jamais. » Et M. Paul Mantz ajoute : « Mais pour les grandes créations de Michel-Ange et de Raphaël ce fut autre chose : une certaine maturité d'esprit, un certain trouble du cœur sont nécessaires à qui veut sentir ces nobles inventions. L'heure n'était pas venue pour lui de savourer, au point d'en souffrir, le charme victorieux, l'émotion intérieure de ces œuvres grandioses et exquises. » Dans les deux cas c'est cependant aller un peu loin et affirmer un peu trop. Il

(1) Paul Mantz.

est vrai que Rome n'a pas eu d'influence sur Regnault et n'en devait jamais avoir. En y revenant, après un voyage en Espagne, il écrivait à un de ses amis : « Je voudrais être au Maroc, en Algérie, à Tunis. Je vieillis ici : Rome maintenant me semble éclairée par une veilleuse ». Mais je crois, malgré M. Charles Blanc, que Florence, à cause du caractère individuel de son art, lui a beaucoup plu. De même il nous semble que M. Paul Mantz comprend injustement les œuvres de Michel-Ange parmi celles devant lesquelles Regnault resta froid. Les pages que nous avons citées suffisent pour détruire cette assertion particulière, mais M. Duparc s'en sert à tort pour infirmer le reste du jugement de M. Mantz. Sans doute, Regnault a ressenti dans toute sa terreur la sublimité dantesque du jugement dernier, mais il ne s'ensuit pas qu'il ait goûté la beauté de l'Apollon, ni la grâce des Raphaël (1). Il a été tourmenté par le besoin du grandiose, il n'a jamais été épris de la sérénité. Il y a pour lui un abîme entre ces deux admirations, et il faut que cette vieille distinction des génies puissants et des génies parfaits soit vraie au fond puisque nous voyons des âmes neuves et sincères tellement emportées vers la vigueur heurtée et l'âpre force de ceux-là qu'elles passent sans s'y arrêter près de l'art accompli et de la sobre force des autres.

Ce n'est ni devant Raphaël ni même devant Michel-Ange qu'il éprouva l'impression artistique qui agit le plus profondément sur lui. C'est dans un atelier moderne qui se trouvait entre le Tibre et le Corso, sur la place du Monte d'Oro, entre un jardin planté de myrtes et de chênes verts et une cour où était toujours dressée une tente persane aux riches cou-

---

(1) Il (Regnault) n'aime pas beaucoup Raphaël. Ingres, lui, descendait en pleurant l'escalier du Vatican, en disant: « Il est toujours plus grand. » (Timbal, *Le Français*, 23 mars 1872.)

leurs. C'est là que vers quatre heures de l'après-midi venaient les amis et qu'il arrivait avec son lévrier, dans la grande salle pleine de marbres, de bronzes japonais et persans, de fleurs toujours fraîches, d'ivoires, de faïences hispano-arabes où Fortuny travaillait au milieu du luxe brillant et bariolé qu'il aimait à transporter dans ses tableaux. Il admirait beaucoup l'adresse prodigieuse de cet artiste qui peignait avec l'acuité de trait de Gavarni et les jeux de couleurs de Goya. Cette peinture spirituelle, amusante, étourdissante de verve, inépuisable de détails, cette cohue éclatante où tous les objets se bousculent pour arriver au premier rang, ce tapage de couleurs où chacune crie à tue-tête pour attirer l'attention le saisirent singulièrement. Il ne vit pas ce que les habiletés qui éclatent dans tous les coins de *Mariage espagnol*, de l'*Académie*, du *Modèle* comme autant de fusées, ce que cette bousculade de tours de force ont d'étroit et de contraire à la première condition de l'art : l'unité d'effet. Il n'eut d'yeux que pour cette incroyable souplesse de main. Et puis Fortuny qui avait fait en 1860 la campagne du Maroc avec le général Prim rapportait des pays du soleil des études qui furent pour Régnault une véritable révélation et qui sans aucun doute déterminèrent ce voyage d'Espagne qui devait avoir une telle importance dans sa vie d'artiste. L'atelier de Fortuny a eu plus d'influence sur lui que le Vatican et la chapelle Sixtine.

Pendant son séjour à Rome, Regnault, outre les bois qu'il fit pour l'ouvrage de M. F. Wey, et des portraits au crayon et des études, donna deux œuvres importantes : le *portrait de Mme F. D.* qui parut au salon de 1868 et *Automédon domptant les chevaux fougueux d'Achille*, qui était son envoi de première année.

Le portrait avait été commencé pendant un séjour de quelques mois à Paris au moment de l'Exposition Universelle de 1867. Le règlement très-strict qui défend aux pensionnaires de la Villa Médicis de revenir en France pendant leurs quatre années avait été exceptionnellement suspendu. On avait permis aux jeunes peintres de venir profiter des leçons qui se dégageaient du rapprochement de tant d'écoles diverses. Après son retour à Rome, Regnault se fit envoyer le portrait qui n'était qu'ébauché. A travers sa correspondance on suit ses doutes, ses incertitudes, ces alternatives de mécontentements et d'espoirs qui font de toute création d'art quelque chose de si douloureux et de si délicieux. On y voit surtout sa préoccupation de bien faire, son travail infatigable, son désir d'améliorer toujours, ses scrupules renaissants. Il y a peu de pages plus intéressantes et qui lui fassent plus d'honneur que l'histoire de cette première production importante, surtout lorsqu'on sait qu'il travaillait avec une merveilleuse facilité et qu'il avait le don rare et précieux de produire du premier jet quelque chose de définitif. En ouvrant la caisse, il se sent tout découragé.

Je te dirai qu'au déballage (le déballage est funeste) il m'a profondément désillusionné. Je ne croyois pas qu'il me dégoûterait autant.

J'ai commencé par glacer le fond, puis j'ai fait la robe et j'ai ainsi repris un peu d'espoir. J'ai repeint le chien en entier et cette fois, il est bien, je crois ; sa tête qui était mal dessinée et mal peinte est réussie maintenant, la robe aussi s'est engraissée comme peinture et a perdu cet aspect de carton qui me désolait. Mais alors c'était le fond qui n'allait plus ; il était d'un ton monotone qui me soulevait le cœur. J'ai pris un parti de brave et l'ai préparé en grisaille parce que jamais je n'aurais pu sortir des glacis accumulés.

Sur une bonne préparation, variée de ton, plus chaude en certains endroits, plus argentée dans d'autres, je vais obtenir, par glacis, des rouges harmonieux et variés.....

Tu rirais bien si je te disais, ce qui est vrai, que tu ne reverras pas la chaise que tu connaissais. Je la remplace par un fauteuil Louis XV, couvert (dans la nature) d'une étoffe charmante qui fait valoir tout ce qui l'entoure. Sur ce fauteuil, je jette une fourrure en léopard sur laquelle se détache la partie inférieure du chien, puis je transforme le motif de la draperie du fond.

Il me reste le tapis à faire ; puis je laisserai reposer le tout, avant de glacer définitivement le fond, mais je ne toucherai pas à la tête.

J'ai travaillé, tous ces jours-ci, au portrait de madame D... Le chien que j'ai repeint en entier est devenu bien. La robe me semble assez grasse depuis qu'elle est retravaillée. Le fond a été complétement remanié comme arrangement et repréparé d'une façon qui me donne bon espoir.

Bientot après la peau de léopard disparaît pour faire place à autre chose :

Le portrait se termine tout doucement. Hélas ! je sens mes illusions s'envoler une à une à mesure que j'approche de la fin et que je vois chaque morceau rester si loin de l'idéal que je m'étais proposé.

Quand je reçus ta lettre, je venais de changer la peau de léopard et de la remplacer par une sortie de bal, doublée d'une fourrure grise assez heureuse comme ton. Te voyant blâmer ma peau de léopard, j'avais par esprit de contradiction presque envie de la remettre. Cependant la fourrure grise fait bien mieux.

Puis fauteuil et fourrure vont rejoindre la chaise et la peau de léopard :

Depuis que je n'y travaille plus, je n'ai pas sur ma toile la même opinion deux jours de suite. Tantôt elle me désole, me désespère ; tantôt elle me satisfait à peu près. Je puis pourtant certifier qu'elle a beaucoup gagné. J'ai tout repris, excepté le visage ; j'ai repris deux ou trois fois le fond et je crois être arrivé au résultat que je cherchais. Bien des chaises et des fauteuils se sont succédé sur cette toile, à Rome et à Paris ; plusieurs fourrures ont été jetées dessus, et en somme, tout a disparu ; il n'y a plus ni meubles ni fourrures, et l'unique draperie du fond cache un mobilier qui pourrait remplir de grands appartements.....

Le directeur paraît ravi et me promet du succès. Il prétend que cela fera honneur à l'Académie. Les camarades sont généralement contents. Un seul, garçon très-franc et très-artiste, n'est content que de la robe et du chien, et me fait sur le reste des observations que je me fais à moi-même. J'en conclus qu'il a raison puisqu'il pense comme moi. Mais je souhaite que le public ne soit pas de notre avis et qu'il trouve le portrait très-bien.

Du reste, j'ai fait ce que j'ai pu ; j'ai remanié tout ce qui me déplaisait et tout a monté d'un degré. Malheureusement cela ne suffit pas. Si j'avais du temps devant moi, que de choses j'ébaucherais de nouveau pour tâcher de les amener au point où je voudrais les voir !.....

Et au moment même de l'envoi, Regnault ne peut se sépade son portrait qui lui semble imparfait et auquel il voudrait travailler encore.

<blockquote>
Tu dois être dans des transes mortelles ; ma réputation d'inexactitude doit t'effrayer et je suis sûr que tu te demandes si le portrait arrivera pour l'Exposition. J'ai déjà manqué la première occasion de l'envoyer ; aujourd'hui je manque la seconde. Que veux-tu ? je découvre tous les jours des choses nouvelles et très-importantes à faire sur cette maudite toile. En somme elle gagne à chaque retouche, surtout au point de vue de l'aspect. Le détail y perd quelquefois, mais il doit rester subordonné à l'effet général... Les bijoux en particulier sont maladroitement peints J'ai refait le bracelet aujourd'hui parce que de loin on le voyait à peine; maintenant de loin il ne fait pas mal, mais de près... hum ! les chairs ne sont pas assez variées comme tons, mais je n'ose y retoucher, toujours faute de temps. Il y aurait encore beaucoup à faire pour arriver à bien...
</blockquote>

De ce long travail et de ces remaniements sortit le beau portrait de femme en robe de velours rouge. Elle a derrière elle une tenture d'un rouge sombre, sous ses pieds un tapis à fond rouge, à son corsage une rose. Elle caresse un beau lévrier noir. Ce tableau est surtout remarquable par son coloris riche et large, et par une tournure noble et mondaine à la fois, qui rappelle les portraitistes anglais.

L'envoi de première année que chaque pensionnaire de la Villa Médicis est tenu d'envoyer à Paris est un tableau qui, d'après le règlement, doit se composer d'une seule figure nue très-étudiée. Regnault suivit et éluda le règlement en envoyant en effet une seule figure nue, mais flanquée de deux chevaux. C'est un jeune Grec, Automédon ramenant des pâturages qui bordent le Scamandre, les chevaux divins d'Achille. Ce fut son fidèle domestique Lagraine qui lui servit de modèle. C'était un sujet grec, mais traité d'une façon peu classique et qui rappelait plutôt une scène des courses du Corso, placée dans un paysage terrible.

Vers le milieu de 1868, le séjour de Regnault à Rome fut brusquement interrompu par un accident qui montre bien son caractère. Il avait comme Géricault l'amour des chevaux. Sa volonté aimait à se roidir dans cet exercice. Il y avait à Rome un fort joli cheval qui lui avait servi de modèle et qui avait jeté à terre deux attachés d'ambassade et failli tuer un commandant de zouaves. Regnault en avait un doux et infatigable dont il était très-satisfait, mais le besoin d'appliquer son énergie le lui fit abandonner pour prendre cette nouvelle bête qui avait l'œil d'un noir et d'un vif qui prouvait qu'elle avait des passions ardentes. La lutte entre le cavalier et la monture dura deux jours. A la seconde séance, le cheval après s'être dressé sur ses pieds de derrière, et avoir rué pendant trois quarts d'heure, finit par prendre le mors au dent et partit à fond de train. Il alla donner du poitrail contre un tombereau de sable, et Regnault enlevé par la violence du choc alla tomber sur la tête de l'autre côté du tombereau. Il se serait fracassé le crâne et tué sur le coup s'il n'avait pas plu une heure avant l'accident. Quand il fut remis, on lui ordonna de quitter Rome afin de fuir les fièvres qui auraient été plus dangereuses pour lui à cause de son état de faiblesse. Il partit pour l'Espagne qui devait avoir sur lui une si grande influenc

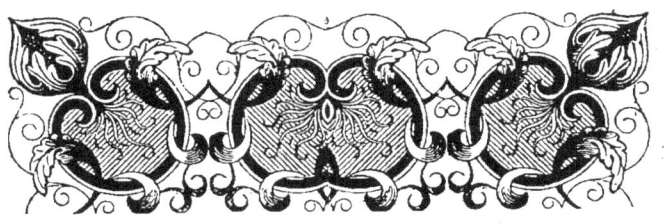

II

La terre où il arrivait devait plaire à Regnault bien plus que celle qu'il quittait sans regrets. Tout y était bien plus en rapport avec sa nature et ses goûts. Son amour de l'original et de l'étrange trouvait l'Italie trop connue et trop exploitée. Ici tout est différent. Isolée par sa position insulaire, défendue par la chaîne des Pyrénées et par ses plateaux qui dressant au-dessus du littoral leurs murs de citadelles resserrent l'élément du dehors entre le rivage et les montagnes, dépourvue de grandes plaines donnant sur la mer et de fleuves faciles pénétrant dans les terres, l'Espagne a fait aux influences étrangères une guerre défensive victorieuse. Elle est restée le pays le plus original de l'Europe. Ses troubles politiques en augmentant la difficulté des voyages ont diminué le nombre des voyageurs et contribué à lui conserver intacts son caractère et son aspect. Quoiqu'en dise Th. Gautier qui fut plus oriental que le premier des Abencerrages et à qui un chapeau droit gâtait un paysage autant qu'une cheminée d'usine, les modes européennes n'ont guère pénétré en Espagne.

Regnault avait l'amour de l'excessif et parfois du brutal : le choc des extrêmes le ravissait. Pour cela encore, le pays et le peuple devaient également le satisfaire. Par la massiveté des contours, par la lourdeur des formes, par la nudité et la rudesse du lignes, l'Espagne est déjà l'Afrique. Elle l'est encore par son soleil éclatant et ce relief abrupt et raboteux que donne au terrain le contraste d'une lumière véhémente et d'ombres brusques. C'est un climat violent : ses plateaux pierreux, couverts de chardons, battus alternativement de vents âpres et de chaleurs terribles sont ravagés par un hiver brûlant; mais à leurs pieds le moindre filet d'eau fait éclore un paradis de lauriers-roses. C'était la nature que Regnault aimait : sauvage, excessive, heurtée, avec des grâces et des caresses inattendues.

L'Espagnol, nourri sur cette terre et formé d'un incroyable mélange de races, où la pulsation saccadée du sang maure vient briser le rhythme régulier du sang goth, est lui aussi plein d'oppositions et de conflits. C'est un composé de flegme et d'emportement, d'indifférence et de passion, de roideur et de souplesse, de fierté et de complaisance. Quelle source de pittoresque que ce singulier peuple qui cache sa misère sous son orgueil, où la mendicité a des titres de noblesse et où le moindre va-nu-pieds drape ses haillons dans une guenille avec la superbe d'un cousin du roi. A côté de cette admirable dignité native, se trouve un reflet de cette férocité orientale à laquelle il faut la souffrance et l'éclat, du sang et du soleil : pour ces gens-là, l'arène blanche de lumière, pétillante des dorures des costumes et plaquée de flaques rouges a d'invincibles attraits : l'atroce dans l'étincelant. Il y avait un peu de ce double goût dans Regnault : son *Exécution à Tanger* en est une preuve, et la facilité avec laquelle il se passionna pour les combats de taureaux en est une autre. Il y a dans l'Espagnol quelque chose de cérémonieux et de tragique à la fois qui devait piquer la curiosité de Regnault et une affabilité simple qui devait plaire à sa nature cordiale.

Ici donc la terre et les hommes se trouvaient en rapport avec le goût du tourmenté et du terrible qu'il portait en lui. Il se sentait dans son élément et dès les premières lettres le ton de sa correspondance change : c'est plus vif, plus gai, plus rempli d'entrain et de vie. Il est loin de l'Italie et heureux de l'avoir quittée. Elle lui semble banale, terne et fade. Pour un peu, il reprendrait contre elle les insolences que Musset lui lançait des sommets neigeux du Tyrol. Après avoir goûté l'âpre saveur du terroir espagnol, il la trouve encore plus insipide et quand il sera forcé de retourner à Rome pour quelque temps, il écrira : « Je suis comme le petit gourmand qui a vu chez un pâtissier un beau gâteau bien appétissant et qui, rentré chez lui, ne trouve qu'un morceau de pain rassis à manger. J'ai faim ici et je n'ai pas de quoi manger. Vrai, je n'ai pas d'entrain à Rome ; l'Italie est trop connue et trop exploitée. »

L'art espagnol ne lui plut pas moins. Il y trouvait les qualités d'éclat et de réalité qui le séduisaient avant tout et que ne pouvait lui offrir l'art antique fait de forme idéale.

Dans les monuments d'architecture ogivale qu'il visita à Burgos, à Tolède, à Avila, la Renaissance a répandu ses trésors de fantaisie. Quand le moyen age en sortit avec son puissant marteau de maçon, elle y est entrée avec son fin ciseau de sculpteur ; elle a fouillé les chapiteaux, suspendu aux portes des guirlandes de pierre délicates et compliquées, rempli les églises de tombeaux, de chaires ouvragées, de stalles en bois sculpté, de retables dorés, de merveilleuses grilles. Sans doute, la Renaissance espagnole n'a pas la clarté élégante de la Renaissance française, ni la grâce nerveuse de la Renaissance italienne; mais elle a une grandeur pompeuse et une magnificence un peu théâtrale qui lui donnent sa marque. Pas de lignes simples, mais une végétation exubérante de détails, un fini de travail, un éclat sombre, une richesse de matériaux, une profusion de dorures tels que pour désigner son style on a dû emprunter un mot au vocabulaire de l'orfévrerie. Regnault aima cet art riche et sombre, il trouva dans les cathédrales des mines d'études et nous donne dans sa correspondance une idée exacte de la Renaissance espagnole.

Que de belles choses nous voyons depuis que nous sommes en Espagne ! Nous allons de merveille en merveille. Dans les cathédrales nous sommes éblouis par les sculptures des grilles, des tombeaux, des retables, des stalles des chœurs. La renaissance espagnole est bien remarquable, et d'une richesse de détails originaux et distingués qui, malgré leur nombre, n'arrivent jamais à la surcharge et à la lourdeur.

Tout le monde n'aime pas l'architecture et l'aspect des cathédrales espagnoles. Elles manquent un peu d'unité (celles que je connais, du moins, Burgos, Avila, Tolède......). Sur un pilier gothique, on trouvera un ornement renaissance d'une grande finesse ; une ogive aura pour pendant, ou pour voisin, un plein cintre ou un fer à cheval arabe. Une porte renaissance sera percée et sculptée richement au milieu d'une muraille du douzième siècle. Mais le plus grand grief qu'on ait contre les églises espagnoles, c'est leur division de la grande nef, en *capilla mayor* et en *coro*, division qui nuit à la grandeur de l'édifice, et arrête maladroitement l'œil. Moi, je ne déteste pas cela. Je préfère, quant à l'aspect général, nos grandes et célèbres cathédrales, mais ces divisions en coro et capilla mayor donnent matière à de beaux effets, à de beaux motifs d'architecture et de sculpture.

Des grilles merveilleusement travaillées les ferment toujours, ainsi que toutes les chapelles. Ces grilles sont dues pour la plupart à la belle époque de la Renaissance. De magnifiques tombeaux sont placés dans presque toutes les chapelles, les uns occupant le milieu de la chapelle, les autres placés dans des niches.

Les stalles, ou si vous aimez mieux, *las sillerias*, de Burgos, d'Avila et de Tolède, sont merveilleuses et couvertes de sculptures sur bois, depuis le haut jusqu'en bas. Ce qui me frappe en Espagne, c'est que les ornements, les sculptures, bien qu'entassés en grand nombre, souvent sur un espace relativement petit, n'arrivent jamais à la surcharge et à la lourdeur. La renaissance espagnole a peu de réputation, et pourtant, suivant moi, elle est bien l'égale de la renaissance française et, pour bien des choses, peut marcher de pair avec la renaissance italienne. Pour les grilles, par exemple, je ne crois pas qu'il soit possible d'en trouver de plus belles que celles que Burgos doit à Cristobal de Andino, et à tant d'autres artistes dont on ne sait même pas les noms, tant ils étaient nombreux au commencement du seizième siècle.

Les retables sont très-remarquables, mais, bien que leur masse dorée produise un bel effet, vue à une certaine distance, je ne les aime pas en principe.

Philippe et Jean de Bourgogne ont laissé, comme sculpture sur bois et comme architecture, de belles choses en Espagne... Il y a à Avila, dans une petite église romane située hors de la ville, une belle statue en marbre de San Segundo ; je ne sais malheureusement pas le nom du sculpteur... Les sculptures sur bois du chœur de la cathédrale sont de toute beauté ; elles représentent des choses souvent bizarres, mais toujours intéressantes comme motifs de décoration. Chaque figure ou chaque monstre, pris à part, pourrait à lui seul faire la réputation d'un homme. Tout est plein de science et de sentiment : Michel-Ange, j'en suis sûr, n'aurait pas renié grand nombre de ces panneaux. Nous en avons dessiné plusieurs, ainsi qu'à Burgos, et nous avons encore d'autres croquis du même genre à faire à Tolède, où le chapitre, *coro*, est d'un arrangement plus original peut-être que les deux précédents ; le marbre blanc doré vient prêter à la couleur sombre du bois sa transparence blonde, et les jaspes leurs richesses de ton.

Berrugueto et Philippe de Bourgogne se sont partagé les sculptures. L'or, les cuivres et les fers argentés des pupitres, livres, orgues, candélabres..., etc..., viennent ajouter à la beauté de la décoration. La capilla mayor est fermée, comme le coro, par une grille admirable faite par Francisco de Villapando.

Le retable est de Philippe ou de Jean de Bourgogne, et jouit d'une grande réputation ; mais je ne le goûte pas outre mesure.

Toutes les sculptures sur bois des chœurs (sillerias del coro) de Burgos, d'Avila, de Tolède, sont des chefs-d'œuvre, à la fois comme sentiment décoratif, comme composition, comme originalité d'idées., comme variété, comme exécution. Il y a là des monstres d'une fantaisie merveilleuse, des torses d'hommes et des figures d'une expression et d'une allure que n'eût pas reniées Michel-Ange. Nous avons fait là bon nombre de croquis. Nous avons cultivé la fine aquarelle, et la gouache vigoureuse et hardie.

Ce sont surtout les arts plastiques qui lui réservaient les meilleures heures, heures de surprise et d'admiration, heures critiques, fécondes et mémorables qui marquent dans la vie d'un artiste la route choisie et les horizons aperçus et vers lesquelles les heures de succès et de gloire se retournent plus tard reconnaissantes et respectueuses.

L'art espagnol est différent de tout ce que Regnault avait vu jusque-là. Ce qui en fait le trait dominant, c'est l'absence de l'élément antique (1). Sur cette terre âpre et éloignée, les Grecs ne furent que des commerçants et les Romains que des conquérants; ils y laissèrent des comptoirs et des camps, des pierres, pas un marbre, pas une statue, qui put montrer un jour leur voie aux génies épris du beau. La conquête mauresque communiqua aux Espagnols le goût de la couleur et le catholicisme leur imposa la haine du nu. Ces deux causes poussaient également l'art espagnol au réalisme. La première parce que la couleur étant surtout une sensation de même que le dessin est une abstraction, la recherche du coloris conduit forcément au naturalisme; la seconde parce que la nécessité de peindre les vêtements catholiques destinés à cacher les membres, conduit à la copie matérielle, les seuls plis susceptibles d'interprétation étant ceux qui traduisent le corps : les plis grecs. L'idée chrétienne eut encore un autre résultat : abhorrant la glorification de la forme comme un reste du paganisme, cherchant au contraire la misère et la bassesse, elle conduisit les peintres espagnols à représenter la laideur, les souffrances, les macérations, les tortures, ces mille fléaux qui sont l'héritage de la chair. De là sortit un art réaliste et étroit, puissant et monotone, prenant ses moyens et ses sujets dans la nature, mais y prenant des moyens violents et des sujets horribles. Cet art fut d'une originalité unique, car il avait échappé à toutes les influences antérieures. Il fut en même temps d'une sincérité suprême et déchirante; en effet, si tel dieu grec ressemble à une ode de fête, tel moine espagnol ressemble à un cri d'angoisse, et chez l'homme il y a plus de

(1) Voir la belle introduction de M. Charles Blanc à l'étude de l'École espagnole dans son *Histoire des Peintres*.

conviction dans la souffrance que dans la joie. Qu'on se figure Regnault transporté devant cet art, lui ayant le goût du dramatique, l'indifférence de la tradition et l'avidité du vrai. Il trouvait enfin des maîtres qui avaient copié la nature telle qu'elle est et qui le sollicitaient à en faire autant. Aussi comme il leur est reconnaissant et comme il les aime au fond :

> L'Espagne n'est pas appréciée à sa juste valeur ; c'est une mine de trésors pour un peintre, et même en laissant de côté le pays et les habitants, les maîtres espagnols me paraissent être d'un enseignement plus utile pour nous, que des géants inabordables comme Michel-Ange ou Raphaël.
> Les maîtres espagnols vous admettent davantage dans leur intimité ; ils vous font voir les choses avec plus de bonhomie, plus de simplicité. Ils ne cherchent pas à dissimuler leurs moyens d'exécution, ne demandent pas mieux que de vous montrer comment ils ont fait, et vous permettent de balbutier devant eux sans vous écraser de leur mépris. Ils se sont servis de la lumière qui éclaire tout le monde ; ils n'ont pas regardé les mendiants comme indignes de leurs pinceaux, pas plus que les rois. Les nains, les pouilleux, les enfants, les haillons, les chevaux, les cuirasses, tout leur est bon ; ils ne rejettent rien comme vil et grossier : à vous de faire votre choix dans tout ce qu'ils vous présentent. Ils ne cherchent pas, comme tant d'autres, à vous imposer ce qu'ils ont retiré de la nature, épurée par eux ; en un mot, ils ne sont pas pédants, pas fiers, et leur peinture pourrait être faite hier, ou demain, sans paraître dépaysée parmi nous, sans être passée de mode.

Mais celui d'entre tous qui le frappe le plus est Vélasquez. Pour lui, c'est le maître des maîtres, l'enchanteur tout puissant, le peintre des peintres. Il semble pourtant au premier abord que Vélasquez ait dû lui plaire moins que Rubens, Véronèse ou le Titien. Il était épris de richesse, d'abondance et d'éclat dans le coloris, et Vélasquez, qui est peut-être le premier des coloristes, n'a rien de tout cela. Les couleurs qui sont rangées sur sa palette ne sont ni brillantes, ni nombreuses. Sur ses fonds de tons neutres comme du blanc, du brun, du bleu, du jaune pâle, toutes les variétés du gris, il jette quelques touches un peu plus vives et cependant tranquilles encore : une plume d'un violet passé, un ruban d'un bleu pâle ou d'un vert foncé, une écharpe d'un rose effacé, une frange d'or, mais d'or assombri et éteint. Il n'a pas le fracas de couleur de certains coloristes. Ce n'est pas la fanfare éclatante qu'on trouve chez eux, c'est une harmonie exquise et simple sur laquelle courent quelques notes claires, discrètes et délicieuses. Mais aussi quelle vérité ! quelle sincérité ! Quel reflet facile et parfait de ce qu'il voit ! Que d'autres cherchent à dépasser la nature, lui ne voit qu'elle. Que d'autres y choisissent leurs sujets, lui les prend tels qu'ils se présentent : nains, enfants, ducs à cheval, mendiants en haillons, ouvrières, reines, richesse, misère, beauté, laideur, difformité, il réfléchit tout comme un miroir indifférent et fidèle. Mais en même temps il embellit tout de son inimitable lumière ; il baigne tout de cette clarté limpide, claire, argentine et donne à tout le charme et la noblesse des choses vues à travers un jour pur et serein comme celui des sommets (1). Moratin disait qu'il avait su peindre l'air ; on dirait aujourd'hui qu'il a photographié l'atmosphère. Devant cette large et franche acceptation du vrai, devant cette merveilleuse habileté de peintre, Regnault se sentit transporté. Ce n'est plus de l'admiration, c'est de l'enivrement ; il se mettrait à genoux devant ses toiles, il en baiserait les cadres. Il est intarissable d'éloges.

<small>Mais ici, à Madrid, nous rappellerons à nos brosses et à nos couleurs à l'huile qu'elles ne sont que nos esclaves, et qu'elles doivent nous servir avec obéissance à imiter les Vélasquez. Quel peintre ! Dio mio ! Jamais on n'a peint avant lui, si ce n'est Titien et Tintoretto.</small>

Quand il parle de lui, c'est...

<small>(1) Voir un article de M. Beulé sur Vélasquez dans ses *Causeries sur l'Art*.</small>

Le peintre par excellence, Vélasquez. Je n'ai jamais rien vu de comparable à cet homme-là. Quelle couleur, quel charme, quel aspect nouveau et original, quelle sûreté d'exécution ! C'est une peinture jeune, bien portante, née sans effort, sans peine, sans fatigue...

Avec cette promptitude d'exécution qu'il apportait à ce qu'il entreprenait, il se met à copier l'énorme tableau des *Lances*.

... Je travaille toujours à ma copie des Lances. Si nous attendons pour voyager que les événements se soient éclaircis, il est plus que probable que j'aurai le temps de faire quelques autres copies C'est bien intéressant de copier Vélasquez. Quel maître ! quelle franchise dans l'exécution ! quelle vérité, quelle chaleur, quel entrain ! Ce n'est pas positivement facile à faire, mais c'est passionnant.

Mais c'est peu que de copier cette toile, de la grandeur de l'original, c'est-à-dire de 11 pieds sur 13, il ne peut se séparer de son cher Vélasquez, il voudrait le copier tout entier, il en est insatiable.

Je compte faire encore, avant de quitter Madrid, une copie de l'Ésope de Vélasquez, et une autre (plus petite que l'original) des Hilanderas (fileuses) du dito Vélasquez. C'est le tableau le plus étonnant et le plus délicieux comme aspect qu'il soit possible de rêver. Tu ne te doutes pas de ce qu'est le bon Vélasquez : ses tableaux sont d'une clarté merveilleuse. Paie-toi un jour un petit voyage à Madrid et tu en jugeras. C'est d'une fraîcheur de tons, d'une finesse, d'un gris, d'une sincérité d'effets et d'une exécution facile qui ne sent ni l'effort ni la fatigue ! Ses tableaux sont si réels d'aspect qu'on croirait apercevoir, par une fenêtre ouverte dans la galerie, une scène vivante de la nature.
Je voudrais avaler Vélasquez tout entier. C'est le premier peintre du monde. Pourquoi n'a-t-il pas appliqué ce merveilleux talent et cette divine exécution à des sujets plus intéressants ? Quelle impression produirait un sujet dramatique et passionnant, exécuté avec cette vérité, cette heureuse naïveté d'attitudes et de colorations, sincère, sans prétention aucune, sans recherche du pétard, sans effets forcés, sans sacrifices apparents, sans aucune des ficelles qui sont passées à l'état de règle... etc... et avec lesquelles on admet qu'on fera de bons élèves. Ah ! si je ne fais pas à Madrid vingt-cinq lieues de progrès, je me pends !

Et dans une autre lettre il ajoute encore :

Pour moi, Velasquez est le Molière de la peinture ; son style est facile, sans négligence, fort sans emphase, sa langue pure sans prétention. Ah ! Velasquez ! Velasquez !

La sculpture espagnole devait, pour les mêmes raisons, exciter chez Regnault le même enthousiasme. Comme les arts ne se séparent pas dans un pays, mais y ont tous le même caractère, les œuvres des sculpteurs espagnols n'offrent rien qui ne se retrouve dans celles des peintres ; c'est la même absence d'idéal et une recherche de l'illusion poussée plus loin encore, puisqu'ici on va jusqu'à substituer la réalité elle-même à sa représentation. Les vierges aux lèvres rouges, aux yeux d'émail, vêtues de soie et de velours semblent vivantes derrière la flamme des cierges. Les œuvres réellement artistiques ne vont sans doute pas aussi loin dans cette voie, mais elles y tendent et par la conception générale et par la matière même dont elles sont faites. Beaucoup de statues espagnoles sont en bois, et, pour en déterminer l'emploi, l'amour du vrai s'est joint à l'austérité catholique. Dans les sombres cathédrales, le marbre blanc au grain fin et brillant aurait accaparé le peu de lumière qui s'y glisse et mis de la clarté et de la gaieté dans l'obscurité formidable des chœurs. D'un autre côté, le ton du bois qui ressemble à celui d'une peau jaunâtre et bistrée convenait mieux pour rendre les visages hâves et émaciés des moines et leurs robes de bure brune.

C'est une de ces œuvres, la célèbre statue de saint François d'Assise par Alonso Cano, qui excita la plus grande admiration que Regnault ait ressentie pour la sculpture espagnole. C'est dans le trésor de la cathédrale de Tolède, près de la *Custodia* en argent doré, haute de cinq mètres, ruisselante de brillants et d'émaux, près des statues en argent massif des quatre parties du monde, près de la fameuse vierge du sanctuaire chargée de cent quatre vingt cinq mille perles et d'une masse de diamants, de rubis et d'améthystes, qu'il vit ce simple morceau de bois peint, qui, taillé par une main d'artiste, vaut plus que tout ce poids de métaux précieux et que ces barils de pierreries. Ceux qui ont vu la reproduction de cette étrange et navrante figure comprendront l'enthousiasme de Regnault (1). C'est une de ces œuvres qui aperçues une fois vous hantent à jamais. Il est impossible d'oublier ce moine debout dans les plis droits de sa robe, les mains croisées sous les manches et crispées par la ferveur de la prière, ce corps oublié et délaissé par l'esprit dans l'attitude rigide de l'adoration. Toute la vie, toute l'âme semble s'être concentrée dans la tête, cette belle tête si délicate, si douloureuse, si élégante avec sa fine moustache et si terriblement amaigrie. Comment ne pas revoir sans cesse ces traits pâles, ces yeux levés vers le ciel, ces lèvres bleues et surtout cette bouche entr'ouverte par où la prière, l'espérance, le cri, le souffle, l'homme entier semblent s'envoler vers Dieu. Rien, rien dans l'art n'est comparable à cette expression indicible où l'on voit l'angoisse, les combats livrés, les désespoirs traversés, l'aspiration et l'extase. C'est peut-être l'œuvre la plus caractéristique de l'art espagnol : le dernier degré du mysticisme rendu par le dernier degré du réalisme. Aussi Regnault s'écrie-t-il :

Chapeau bas ! Le chef-d'œuvre des chefs-d'œuvre est un saint François d'Assise (je crois), mal placé dans une vitrine du Trésor. C'est une statue en bois de Alonzo Cano. Le saint demi-nature, a les deux mains passées sous les parements de ses manches, la tête couverte de

(1) Ce n'est guère que sur les reproductions qu'on peut étudier cette œuvre dont l'original est à peu près inapprochable. « Le chapitre la tient sous clef, sauf l'humble auteur de ces lignes et deux de ses amis : Zacharie Astruc qui en a fait une copie si belle et Moreno directeur de l'école de peinture de Tolède, personne ne l'a vue depuis la révolution de 1869. Le Dean refuse tout net. Deux vols dont un considérable ont été le prétexte de cette mesure si préjudiciable à l'art Européen. Je ne m'ex-

son capuchon, les yeux levés vers le ciel et la bouche entr'ouverte. Il est impossible de voir au monde quelque chose de plus beau, d'une vérité, d'un réalisme plus effrayants, d'une vie plus surnaturelle, d'une expression plus divine et immatérielle. Si on regardait souvent cette œuvre sublime, on deviendrait fou. Mais on se garde bien d'en parler dans les guides ; on la cache dans un coin où elle est mal éclairée, à une hauteur où on la voit mal, tandis que les places d'honneur sont données aux vêtements dont on recouvre la statue de la Vierge, le jour de l'Assomption. Comme richesse, il est certain que c'est inouï ; tout est couvert de perles fines, de diamants, de pierres précieuses de tous genres. Mais j'avoue que j'aimerais mieux voir tous ces millions distribués aux malheureux qui crèvent de faim dans toute l'Espagne, que de les voir ainsi enfermés dans une armoire et l'objet de la curiosité des badauds. Les perles seraient fausses, que l'effet serait le même : on pourrait donc vendre les vraies et en distribuer le prix aux pauvres. Puis, pour la statue de saint François, par Alonzo Cano, il faudrait élever une chapelle tout entière. C'est la merveille des merveilles ; cela vous arrache les larmes des yeux !

Le Saint-François est une de ces œuvres divines qui vous transportent et vous émeuvent au delà de toute expression. Jamais, jamais je n'ai vu ni ne verrai pareille chose.

Mais l'admiration des œuvres de la peinture et de la sculpture espagnoles ne suffisaient pas à la curiosité de Regnault. Il n'était pas de ceux qui, voyageant en pays étrangers, n'ont d'yeux que pour les musées et les bibliothèques, retiennent tout par étude et n'apprennent rien par observation. Il comprenait plus largement les voyages, il voulait tout voir et entrer dans la vie même du pays qu'il visitait. Aussi sa correspondance est pleine du récit de ses promenades et de ses impressions. Il y a une franchise et une verve qui ne se trouvaient pas dans ses lettres d'Italie. Il est ici sur son terrain ; il aime ce qu'il voit et il le peint bien. Et cette correspondance est toute pleine de pages charmantes et frémissantes de vie.

plique pas, je l'avoue, que dans l'exclusion aient été compris l'empereur du Brésil, madame la marquise de Bouillé notre ex-ambassadrice et beaucoup de notabilités, qui certes n'avaient nullement l'intention de remplir leurs poches des merveilles enfouies dans les caveaux de la cathédrale. (A. Humbert. *Promenades et Impressions en Espagne.*)

Il était arrivé en Espagne au bon moment. Dès le début de son séjour à Madrid, éclate la Révolution qui chassa les Bourbons. Ils étaient, son ami Clairin et lui, à travailler au musée quand on leur annonce qu'il y a des troubles dans la ville. Vite, ils ferment les boîtes à couleurs, et les voilà suivant la foule, assistant à l'exécution d'un voleur qui a pris la montre d'un Anglais, trinquant avec la sentinelle d'un poste. Quelques jours après, ils peignent pour l'entrée triomphale de Prim une grande allégorie. Il y a des courses de taureaux, les voilà devenus des amateurs difficiles et exigeants. Quand un taureau n'est pas bien planté, bien fait, quand ses cornes ne sont pas aiguës, ils crient « otro toro » et agitent leurs mouchoirs vers les autorités. Le carnaval arrive, un peu inférieur à ceux des années précédentes, cela se comprend, mais bien brillant encore et bien gai sous ce ciel de février qui ressemble à celui de nos mois de mai. Les voilà au Prado :

Le Prado était délicieux sous ce beau soleil, et tout rempli de femmes ravissantes. On aurait dit qu'une fée de bon goût avait choisi sur toute la terre les plus jolis minois pour les réunir au Prado. Les masques n'en paraissaient que plus grotesques et plus fantastiques.

Tout le côté du Prado adossé à la colline du Retiro et deux terrains qui avoisinent la porte d'Alcala sont couverts de plusieurs rangées de chaises et ressemblent à un parterre de fleurs éclatantes, où les ombrelles aux couleurs les plus gaies sont pressées pêle-mêle et se touchent presque, sans offrir un aspect discordant. Sous chacun de ces brillants champignons, on voit luire dans la demi-teinte des yeux noirs, presque toujours jolis, même quand leur entourage laisse à désirer. A Madrid, il y a peu de femmes privées de ce beau teint mat, qui paraît encore plus distingué et plus fin dans l'ombre, et auquel le voisinage d'aucune couleur ne peut nuire. Néanmoins la mantille noire lui sied mieux que tout, et, grâce à Dieu, les femmes sont assez coquettes pour ne pas renier encore cette mode ancienne. Par-ci, par-là, cependant, on voit pointer déjà l'oiseau-mouche ou l'aile de faisan de vos petits chapeaux parisiens.

Devant et derrière cette ravissante pépinière circulent les hommes. Beaucoup, masqués, intriguent les femmes, et, avec cette petite voix de fausset qui est de rigueur quand on a un masque sur la figure, ils déclinent imperturbablement le verbe connaître : « Je te connais, tu me connais, tu ne me connais pas, tu ne me connaîtras pas, je t'ai connue, je voudrais bien te connaître ! »

Avec cette facilité d'adaptation qu'ont les Français et qu'il possédait au plus haut degré, il était admis, choyé, aimé partout, chez les grands comme chez les humbles. Après les journées passées dans les musées, aussitôt que le couteau à couleurs avait nettoyé la palette, les deux amis s'en allaient soit dans le monde d'en haut, soit dans le monde d'en bas. Regnault était aussi à l'aise dans un bouchon des quartiers pauvres que dans les salons des gouvernants et peut-être s'y plaisait-il mieux, s'y sentant plus simplement et plus tendrement aimé. Il était devenu fort populaire parmi les gitanes. On lui avait demandé d'être le parrain d'un petit bohémien qui devait incessamment commencer son vagabondage à travers la vie. Avec Clairin, il emporte quelques bouteilles de vin et les voilà installés dans une chaumière des environs de Madrid, chauffée par un feu de braise allumé sur le sol et éclairée par une lampe antique, au milieu des enfants qui grouillent dans leurs petites chemises déguenillées et des ânes qui vont et viennent en ramassant des brins de paille. On fait circuler les verres, chacun y boit à son tour, on joue de la guitare, on chante, on claque des mains en rhythme, et vers la nuit, deux beaux gaillards armés de gourdins viennent reconduire les deux amis jusqu'aux portes de Madrid.

Je suis de la famille et le nom du *señor don Enrique* (c'est moi) est dans la bouche de toute la bohême. Ils me témoignent une grande amitié, me font des vœux de santé et de salut toutes les fois qu'ils me voient : ils parlent comme des grands prêtres avec une certaine emphase et des gestes très-nobles et majestueux. Ils me répètent souvent : « *Señor don Eurique vaya usted con Dio y con salud.* Allez avec Dieu et le salut. » Ou encore : « *Vaya usted con la Virgen santisima.* Allez avec la très-sainte Vierge. Que Dieu écarte tout danger de votre chemin, que le ciel tombe sur nos têtes s'il vous arrive malheur..... comme vous êtes un personnage *de mucho merito*, de beaucoup de mérite, que Dieu ne vous fasse jamais mourir, » etc., etc. Ils ne plaisantent pas, et si on avait le malheur de se moquer d'eux, ou de les traiter légèrement, il n'y aurait rien à en faire, car ils sont d'une fierté prodigieuse et n'ont peur de rien. Ils ont une grande admiration pour ma peinture et me trouvent plein de grâce dans mes mouvements : je les ai épatés l'autre jour en marchant sur les mains et en sautant deux chaises à pieds joints et cinq chaises avec élan ! Ils disent qu'ils n'ont jamais vu cela, et depuis ce jour-là ils m'estiment encore plus : j'ai enfin trouvé des gens qui me comprennent !

Dans toutes ces promenades, Regnault observait, prenait des esquisses, des études dont quelques-unes ont passé de ses cartons dans ses lettres. N'est-ce pas un charmant portrait à la plume que ce portrait du général Milanz del Bosck :

« Nous sommes au mieux avec le général Milanz del Bosck. C'est l'homme le plus spirituel qu'il soit possible de voir ; il parle français mieux que nous ; c'est un type de vrai d'Artagnan. Il a une superbe tête, sèche, basanée ; les sourcils sont noirs, les cheveux blancs, touffus et dressés sur la tête avec rage. D'énormes moustaches blanches flottent au-dessous d'un nez dessiné par plans fermes ; le tout sur un petit corps maigre et nerveux qui se termine par deux bottes plus hautes que lui. Il n'a pas d'épée, il n'en a jamais porté. Même à la guerre, il n'est armé que d'une badine, et couche avec ses bottes. Que ne puis-je te répéter tout ce qu'il raconte avec une verve et une originalité incroyables !

« La semaine dernière nous avons fait, dans une salle du musée fermée au public, le portrait du général Milanz. Clairin le faisait grand comme nature jusqu'aux genoux, moi j'en ai fait une pochade d'ensemble, y compris les bottes. Pendant ce temps-là, la duchesse C*** faisait son buste. De sorte que le malheureux était sous le feu de six yeux braqués sur lui. C'est un petit homme maigre, d'une tournure très-amusante, et dont la tête est pleine de caractère. C'est un bijou que ce petit général, si bon enfant ; et avec cela l'air d'un chat en colère ! Il est à croquer. »

Ne croirait-on pas voir un arrière-neveu de Don Quichotte qui était lui aussi « maigre de corps, sec de visage et fort matineux » ; un petit-fils de cette nièce qui n'atteignait pas les vingt ans et vivait près de lui en compagnie de cette gouvernante qui dépassait les quarante.

Et ceci n'est-ce pas une riche et chaude aquarelle, comme

il savait les faire, ce portrait de Lola la chanteuse entrevue, puis revue dans un bouchon de Madrid ? La couleur y est et aussi la largeur du dessin, le sentiment de la ligne et du mouvement rendu en quelques traits simples et décisifs. C'est à mon sens une des plus remarquables pages de cette correspondance et une de celles qui révèlent le mieux chez Regnault, le goût de la forme ample et noble qu'il serait arrivé à faire entrer dans sa peinture comme un élément essentiel.

Nous allons parfois le soir dans un petit bouge qui doit être le *lapin blanc* de Madrid, à la plaza de la Cevada, dans la calle de Toledo. C'est le rendez-vous des maquignons, bouchers, portefaix, fruitiers et torreros. On y voit des types à faire peur à un mort ! Mais il y a là une certaine Dolores qui chante des *seguedillas, gitanas, rondenas, palos*, etc..., avec une voix splendide de contralto, de ces contraltos comme on n'en entend nulle part ; c'est presque un ténor, et quel ténor ! Une voix qui fait vibrer tout le cabaret. Cette femme est belle comme la plus belle statue antique, plus belle même, car elle a des yeux qui regardent, une bouche et des narines qui respirent, et des cheveux ondulés comme des serpents et d'un noir très-brillant. Nous sommes devenus amis et elle doit venir chez nous un de ces jours. Je veux faire d'après elle une étude pour ma udith. Il me sera impossible de trouver ailleurs une tête aussi belle ; je ne crois pas qu'il y en ait au monde...

Laisse-moi t'emmener avec nous, à onze heures et demie du soir, dans ces petits trous de la calle de Toledo, sortes de cabarets espagnols fréquentés par les gens du peuple et les torreros. Assieds-toi avec nous ; accepte ce que t'offrent franchement et de bon cœur ces braves gens élégants et beaux avec leurs foulards et leurs vestes de majo. Ils te passent leur verre, bois dans leur verre ; ils seront heureux, après t'avoir fait cet honneur, d'y tremper aussi leurs lèvres. Écoute la belle Lola, écoute-la chanter avec son beau contralto tendre, ces longues complaintes gitanas, ou ces juguetas interrompues par de grands soupirs filés sur les sons graves, pendant que la guitare brode, avec une grâce exquise, sur un rhythme toujours le même, qui vous emporte on ne sait où. Puis, holà, holà, holà ! On s'anime, on claque des mains en mesure. Puis on entend sur le plancher les trépignements d'un beau picador, qui danse en montrant ses dents blanches, et en agitant de droite à gauche avec un mouvement circulaire son bassin étroit, serré par une large ceinture de soie, sur laquelle retombent deux grosses chaînes d'or. Lola enjambe un banc ou une table, et, déroulant ses beaux cheveux tordus, elle baisse la tête ou la rejette en arrière, et commence en face de l'autre le même tortillement électrique ! Car la danse du ventre, celle qu'on danse en Orient, est la vraie danse espagnole, et c'est là certainement un souvenir de l'occupation maure...

Le temps pendant lequel il resta en Espagne, c'est-à-dire du commencement de septembre 1868 à la fin de février 1869, fut pour Regnault un temps fécond et heureux. Il était arrivé à ce point où l'artiste étant maître de la partie matérielle de son art, la vie coïncide avec le travail et l'effort passe de l'étude à la production. On ne s'installe plus devant les œuvres des autres ; on a acquis par un long commerce avec elles, assez de force et de confiance pour se mettre en face de la nature elle-même, l'étreindre et lui faire dire son secret. On cesse d'être un élève ; qui sait si l'on ne deviendra pas un maître ? Glorieux moment où l'espérance prend le travail par la main et l'entraîne avec elle. Elle est légère et les anciens la représentaient avec un pied passant sous sa robe relevée pour indiquer qu'elle courait toujours de l'avant. Il faut qu'il la suive. Voilà le chemin ! c'est par là que sont les lauriers, par là ou nulle part. Et alors, sans regret, sans retour en arrière, que le front sue, que les genoux plient, que les pieds saignent, sous le soleil, dans la poussière, sur les cailloux, on va, on marche ; on tombera ou l'on cueillera le feuillage étincelant, l'inflétrissable couronne. C'est un moment unique et décisif, et c'est pendant son séjour en Espagne que Regnault l'a connu. Peut-être aurait-il pu dire l'heure exacte où l'étincelle avait jailli qui lui a éclairé son but et montré sa voie. Ecoutez la différence de ton d'avec ses lettres d'Italie et sentez naître cette fièvre de travail et de production qui ne le quittera plus :

Malgré tout le plaisir que j'aurais à écrire à vous tous, cela m'est impossible. Tous nos moments sont remplis, nous ne flânons pas une minute, je t'en réponds. Que je regrette maintenant de n'avoir pas toujours fait ainsi ! J'aurais un bagage solide et varié, je posséderais à cette heure la force que je ne pourrai acquérir que dans deux ou trois ans. Ce serait une rude avance pour moi. J'ai beau mettre les morceaux doubles maintenant, il y a un retard que je ne rattraperai pas. Le mal qui est fait est fait ; n'y pensons donc que pour l'éviter à l'avenir.

Ce qui est certain, c'est que j'ai les yeux ouverts, que je les écarquille pour voir clair, que j'ouvre ma mémoire pour y fourrer le plus de choses possible, et je la cadenasserai soigneusement afin de ne rien laisser échapper. Je regrette le temps perdu : voilà qui est clair, et, hélas ! il y a de quoi regretter. Je me suis laissé vivre trop longtemps avec insouciance, et cela ne se passera plus comme ça, *caramba* ! !

Je me suis juré d'écrire demain à Montfort : serment d'ivrogne ! Demain je n'aurai pas une minute à moi. A huit heures moins le quart, un mendiant pour terminer une étude commencée aujourd'hui ; à onze heures et demie, visite au Fomento pour voir un beau Goya ; à une heure, séance pour le petit portrait que je fais de madame de B***, en costume espagnol rose et noir, ce qui, entre parenthèse, lui va joliment bien. A quatre heures, nuit tombante, course à la calle de Toledo pour voir une mante gitane ancienne et l'acheter sans doute. A cinq heures, ma leçon de guitare, pour arriver à gratter passablement une *jaleo* ou une *malagueña* quelconque. Dîner à six heures ; à sept heures, remodèle à l'atelier. Et c'est tous les jours comme ça, et cela aurait toujours dû être comme ça. Si jeunesse savait !... Je suis bien vieilli, va, au moral, s'entend. Au physique aussi un peu, peut-être. *Pero n'importa !*

Pendant ces quelques mois, ses travaux se succèdent avec une incroyable rapidité. Dans le catalogue de son œuvre, on ne compte pas pour cette époque moins de 18 dessins, de 13 aquarelles et 16 peintures parmi lesquelles le charmant portrait de madame de B*** en robe rose et en mantille de dentelle noire sur un fond de vieille tapisserie, dans lequel on sent l'inspiration de Goya, l'énorme copie des *Lances* de Velasquez et le grand portrait du général Prim.

Ce dernier tableau était réellement une œuvre de maître. Regnault avait été fort frappé de l'entrée de Prim à Madrid. Il s'était senti attiré par ce qu'il y avait de romanesque et de dramatique dans cet aventurier politique qui avait fui son pays déguisé en domestique et y revenait en dictateur. Le général est représenté au moment où, à la tête de l'armée révolutionnaire, il aperçoit Madrid. Il vient d'arriver sur une hauteur au sommet de laquelle il arrête court son cheval. Celui-ci est un de ces beaux Andalous de la race de celui sur lequel Velasquez a peint le duc d'Olivarès. C'est une forte et ardente bête, ample de forme, avec une robe noire et luisante, où courent des reflets clairs, des yeux pleins de feu, et une épaisse et longue crinière, que le vent fait battre. Elle s'arrête brusquement, roidissant les deux jambes de devant, pliant sur celles de derrière, le cou ramené en arrière par la main de fer de son cavalier, de façon que la bouche touche presque le portail, couvrant le mors d'écume. On sent l'animal fougueux, frémissant et dompté. En arrière et plus bas, au pied du tertre, se précipite et se rue une multitude confuse, bariolée et hurlante, soldats improvisés, sans uniforme, en haillons, agitant des drapeaux, brandissant des armes, poussant des cris, une bande plutôt qu'un bataillon, et sur laquelle on sent courir le souffle des révolutions. Rien ne peut donner l'idée du mouvement, du courant de cette foule « ébauchée à la Goya avec une turbulence de brosse incroyable.» C'est un torrent qui s'en va impétueux, mugissant, roulant toutes les ardeurs, tous les enthousiasmes, toutes les fureurs des époques de tempête. Au-dessus un ciel gris où les nuages passent avec je ne sais quel air tragique. Et sur ce cheval ardent, au-dessus de cette houle humaine, sous ces nuées rapides, au milieu de ce frémissement, de cet enfièvrement, de ce tourbillon, dans une lumière orageuse, Prim vêtu de noir, nu-tête, les cheveux collés sur le front par le vent, pâle et calme regarde on ne sait où. Le visage est superbe. Ce n'est pas la joie de la liberté, ni la fierté du triomphe qu'on y lit. Il est soucieux, les rides y ont cette profondeur, cette ligne arrêtée et dure que les grandes émotions leur communiquent sur les visages les plus fermes; rien n'est plus grave et plus triste que cet œil qui semble interroger l'avenir. Toutes les responsabilités, toutes les fautes, tous les dangers d'une révolution déchaînée semblent passer, comme des spectres, devant ce regard. On dirait un pressentiment. Non ! si Juan Prim avait pu prévoir la fin qui l'attendait, si, dans un de ces nuages, il avait pu se voir dans sa calèche avec les canons de tromblons braqués sur lui, il n'aurait pas eu une expression différente. Etrange et funeste tableau où Regnault a mis le tragique qu'il portait en lui. Avant deux années écoulées, ce général plein de gloire et ce jeune homme plein d'espérance, l'artiste et le modèle devaient périr d'une mort violente. Je ne m'y arrête jamais sans un frisson.

Tel qu'il est, c'est une grande et forte peinture et à coup sûr le chef-d'œuvre de Regnault. Il y a sans doute quelque exubérance, quelque emphase et quelque incorrection ; mais il y a de la force, de l'éloquence et de la vie. C'est un véritable portrait historique, résumant un homme, ayant une signification et une portée : c'est une page de l'histoire de l'Espagne. Quel que soit le merveilleux talent qui éclatera plus tard dans les tableaux orientaux de Regnault, ils n'auront pas la valeur de celui-ci, parce qu'on ne trouvera pas la pensée qui le pénètre et le dramatise comme un rayon d'orage.

Le séjour de Regnault en Espagne fut interrompu pendant quelques mois par la nécessité où il fut d'aller achever à Rome sa *Judith*, le règlement exigeant que l'œuvre de seconde année soit exécuté à Rome. Ce tableau qui fut acheté par la ville de Marseille n'a pas figuré à l'Exposition générale qui eut lieu à l'Ecole des Beaux-Arts, et les admirateurs du jeune peintre n'ont pu étudier cette œuvre importante parce qu'elle marque la transition entre la manière à laquelle appartient le général Prim et celle d'où sortirent la Salomé et l'Exécution. Nous ne pouvons qu'emprunter le jugement d'un de nos critiques les plus compétents (1).

---

(1) Paul Mantz. *Gazette des Beaux-Arts*, 1872.

Ce tableau qui éclatait comme une étoffe orientale au milieu des toiles monotones de ses camarades, a pu faire douter que Regnault fût apte à composer une véritable scène. C'est en effet une peinture mal équilibrée. Un Holopherne couché et d'un dessin assez aventureux occupe les deux tiers du tableau ; à l'autre extrémité Judith se tient debout dans l'ombre. Brune aux carnations mates, elle est superbement vêtue et étincelle dans la demi-teinte. Une ceinture faite de soie et d'or tissé entoure sa taille délicate et arrête à la fois le rayon et le regard. Quelques-uns font profession de mépriser ces jeux du pinceau et de traiter avec dédain ces habiletés, ces bonheurs purement pittoresques. Qu'on nous permette d'en parler moins légèrement. Lorsqu'il cherchait ainsi à faire jouer dans le clair obscur les chatoiements de l'or et de la soie, lorsqu'il voilait d'une pénombre amoureuse les chairs ombrées de sa Judith, Regnault faisait vraiment œuvre de peintre. Certes, ce n'est pas là le grand art, mais il faut plaindre les métaphysiciens qui ne se sentent pas charmés par ces bouquets de tons, par ces féeries de la palette. Cette figure de Judith occupe une place importante dans la vie de Regnault : elle inaugure sa vraie manière. »

Aussitôt qu'il eut terminé son envoi, Regnault se hâta de quitter l'Italie pour retourner vers sa chère Espagne. Il passa par Marseille et aborda à Barcelone « séjour de la courtoisie, asile des étrangers, hôpital des pauvres, patrie des hommes vaillants, refuge des offensés, centre commun des amitiés sincères, ville unique par son site et sa beauté ! » Il y dessina l'intérieur sombre, mystérieux et riche de la cathédrale et la charmante cour intérieure du Palais de Justice avec sa galerie couverte et ses orangers séculaires. De Barcelone, il s'embarqua pour toucher à Mayorque et revint à Alicante dont il reproduisit à l'aquarelle la citadelle qui couronne l'énorme rocher autour duquel se serre la ville. C'est de cet endroit qu'il se mit en route pour l'Andalousie et Grenade où l'attirait, comme un aimant doré, la splendeur du climat et des souvenirs. Il séjourna quelques jours à Elche dont les rues étroites, les murs blanchis à la chaux, les toits plats et les fameux bois de palmiers dont les arbres femelles, à cette époque de l'année, abritent leurs dattes d'un jaune d'or sous l'éventail vert des feuilles, lui donnèrent un avant goût de l'Orient. La Murcie est africaine plus qu'aucune autre province de l'Espagne et tout contribuait à donner au voyageur l'illusion des pays éblouissants de lumière et brûlés de soleil. Ce sont des espaces arides, des rudes montagnes nues, des ravins desséchés, des amas sauvages de rochers sur lesquels croît la rugueuse et forte végétation tropicale : les nopals, les aloès, les palmiers, les agaves, les tamarins dont la verdure sombre s'assombrit encore sur le gris cendreux des terrains. Les habitants eux-mêmes, avec leur peau basanée, leurs zaguarelles ou larges caleçons de toile blanche, leurs ceintures éclatantes, leurs gilets de velours vert ou bleu ornés de nombreux boutons d'argent, leurs foulards dont ils se ceignent la tête et leur mante rayée de couleurs vives, ont plutôt l'air d'Orientaux que d'Européens, et leur costume complète le paysage. La partie du pays qui le frappa le plus fut celle qui se trouve vers Cullar de Baya et Guadix, à l'endroit où les poussées de la Sierra Morena qui s'étend au nord du Guadalquivir et celles de la Sierra Nevada qui court au sud, se rencontrent en un massif, et se brisent comme les lames de deux courants opposés. Il y a là un paysage grandiose, désert et sauvage, où les terrains se heurtent, se dressent, se cabrent les uns contre les autres avec des déchirures, des ressauts, des ravins, dont le soleil, en accentuant les aspérités et les ombres, bouleverse encore l'aspect; tandis que les neiges de la Sierra Nevada dominent tranquillement cette mêlée farouche de rocs. Ce pays saisit Regnault, il se proposait d'y revenir ; il en a laissé un magnifique dessin, plein d'un curieux instinct de la géologie, qui représente un grand plateau horizontal d'immenses blocs fissurés de cassures droites et dominé par les lignes calmes de la Sierra. Ce fut en voyageant à pied, en mangeant plus souvent du pain sec et des figues qu'autre chose, en couchant à terre enveloppés dans des manteaux, que les deux amis traversèrent cette contrée puissante, solitaire et formidable, et qu'ils arrivèrent dans la gracieuse et célèbre vallée où le Daro aux paillettes d'or, et le Genil aux paillettes d'argent, murmurent sous les ombrages qu'ils font naître et qui les cachent, dans cette vallée toujours verte encadrée de monts bleuâtres que les poëtes arabes ont comparée à un saphir enchâssé d'émeraudes, dans cette vallée où rit Grenade aux maisons peintes des plus riches couleurs (1) et où l'Alhambra réserve à ses adorateurs ses salles éclatantes pleines de rêveries.

C'est là que courut tout d'abord Regnault. Quand il eut traversé le bois de haute futaie plein du gazouillement des ruisseaux et du bourdonnement des cigales, qui conduit à l'enceinte de l'Alhambra ; quand il fut arrivé devant la grosse tour carrée, crénelée et massive où sont gravées la clef et la main, et qu'il eut franchi la porte du jugement ; quand il eut reçu dans les yeux le scintillement de ces salles pleines de soleil où, dans une poussière d'or, flottent les chaudes lueurs roses des murailles et les froids reflets verdacés et bleuâtres des faïences vernies ; quand à travers cet éblouissement magique il put distinguer ces minces colonnettes, ces galeries élégantes, ces suites d'arcs en fer à cheval, ces coupoles en demi-oranges, ces stalactites en forme de gâteaux de ruche ; quand enfin il eut examiné de près cette ornementation où la fantaisie la plus étrange se soumet à des lois régulières et où, sur un entracelement à la fois capricieux et géométrique, sur un fouillis éclatant d'arabesques, de zigzags, de festons, de nœuds, de feuillages, de fleurs idéales si compliqué que plusieurs dentelles superposées peuvent seules en donner l'idée, s'emmêlent, s'enroulent, se tordent des inscriptions dorées ;

(1) Grenade efface en tout ses rivales : Grenade
Chante plus mollement la molle sérénade :
Elle peint ses maisons de plus riches couleurs.
(V. Hugo — *les Orientales.*)

quand il se fut enivré de cette splendeur et de cette lumière, il poussa en l'honneur de ce palais « que les génies ont doré comme un rêve » le plus éloquent cri d'admiration qu'il ait inspiré.

Il écrit à son père :

Je repars pour l'Alhambra où nous avons commencé des études qui nous retiendront ici quelque temps encore.
Quelle féerie ! quelle merveille ! Nous aurons bien de la peine à rendre cette lumière rosée qui remplit ce palais enchanté et les reflets dorés dans les ombres ! C'est passionnant. Rien de plus étrange, de plus exquis ! Nous ne quittons pas l'Alhambra...

A son ami Butin, le peintre de matelots :

Ah ! mon ami, si tu avais vu l'Alhambra ! Depuis que je l'ai vue, cette féerie, ce rêve, ce..., je ne peux plus que soupirer. Rien n'est beau, rien n'est délirant, rien n'est enivrant comme cela. Nous avions traversé de bien beaux pays pour venir ici. Mais toutes nos émotions précédentes, tous nos anciens enthousiasmes, tout a été effacé par cette Alhambra ! Au nom du Père, du Fils et du Saint-Esprit. Ainsi soit-il. Ah ! Mahomet, toi seul es grand, toi seul es Dieu, qui as inspiré une œuvre comme celle-là. Nous sommes, à côté des artistes qui ont fait cela, des barbares, des sauvages, des monstres. Si tu voyais le palais que Charles-Quint a osé faire construire sur l'emplacement d'une partie du palais arabe ! Tu hausserais les épaules, tu voudrais ressusciter Charles-Quint, lui cracher à la figure. Il a démoli la moitié de l'Alhambra pour y placer, quoi ? Son ordure, son immondice ! Ah ! Mahomet, mon Dieu, mon prophète, ne lui pardonne pas ! Et fais sur sa sale âme damnée, autant de dessins, de zigzags, d'ornements compliqués que tu en as entassé sur cette merveille, que tu as eu la bonté de nous laisser voir ce matin.....
Et pensant à toi et aux amis, nous nous sommes regardés, Clairin et moi, en disant :
« Que la terre ne tourne plus, que les étoiles tombent, que les villes s'écroulent, que les montagnes deviennent vallées, que nous importe, pourvu que l'Alhambra soit épargnée, et que nos amis puissent la voir.... »
Je m'enfonce, pour le moment, dans des aquarelles fantastiques des difficultés. Tu dois savoir ce que je pense de Grenade, la plus belle des belles, la Grenade au ciel de lapis, aux tours et forteresses rosées, à l'Alhambra en or, argent, diamant, enfin, en tout ce qu'il y a de plus riche au monde. Je fus, pendant plusieurs jours, sans pouvoir travailler : je n'y

voyais que du feu. Cette lumière étourdissante, cet art mauresque m'étaient complètement inconnus, et me paralysaient la tête et la main gauche !

A la duchesse Colonna :

Si vous saviez les merveilles dont nous jouissons ici, éloignés du monde, du tapage des villes, des distractions de toute sorte, même des courses de taureaux, que nous ne regrettons pas au milieu du rêve enchanté qui nous berce dans l'Alhambra !

Tous les matins nous allons à quelques pas de chez nous dans l'Alcazar, dans la divine Alhambra où les murs sont des dentelles d'améthystes et de roses le matin, de diamant à midi et d'or vert et de cuivre rouge au coucher du soleil. Nous restons là jusqu'à ce que la lune vienne nous voir, et quand elle nous a envoyé quelques baisers et qu'elle a endormi les ombres des fées et des génies qui ont ciselé ce palais merveilleux, nous nous en allons à regret, nous retournant à chaque pas, sans pouvoir arracher nos yeux de ces colonnes de marbre rosé, qui prennent, par moment, les couleurs nacrées du corps satiné d'une déesse, et sont notre désespoir et notre bonheur tout à la fois.

Comment partir d'ici ? Il y a dans les salles, des plafonds formés de stalactites qui, réunies et superposées, s'élèvent en forme de coupole et dessinent des étoiles, des figures géométriques qui s'entre-croisent, et dont l'effet moral ou physique est une sorte de vertige en hauteur, qui vous aspire et qui vous pompe et peu s'en faut qu'on ne se sente enlever de terre.

Comment voulez-vous qu'on se condamne à briser le charme et qu'on puisse se contenter, plus tard, de plafonds blancs avec des amours peints en rose et des colombes qui se becquètent ?

Ma divine maîtresse, l'Alhambra m'appelle ; elle m'a envoyé un de ses amants, le soleil, pour me prévenir qu'elle a fait sa toilette, et que déjà elle est belle et prête à me recevoir. Je ne peux faire autrement que de vous quitter.

Allah ! tu es mon Dieu ! et toi, Mahomet, sois béni, qui as inspiré de si incomparables merveilles. Je t'aime, parce que tu es le père de ma chère et adorée Alhambra..... !

Il passait ses journées à l'Alhambra et le travail qu'il y fit est prodigieux. Pour son père qui s'intéressait comme directeur de Sèvres aux questions de céramique, il examine de près les azulejos et en étudie les couleurs, les jaunes, les blancs verdâtres et ces bleus foncés et froids et ces noirs qu'il soupçonne de n'être que des bleus de Prusse poussés à leur dernière puissance. Avec une grande finesse d'observation et de langage, il remarque qu'ils ont une profondeur incroyable et qu'au jour fuyant ils offrent les mêmes irisations violettes qu'on remarque sur un morceau de bleu de Prusse avant qu'il n'ait été broyé. Pour son père encore, il s'occupe du merveilleux vase de l'Alhambra émaillé de blanc, de bleu et d'or, il le photographie et il entreprend d'en calquer tous les ornements et jusqu'aux bavures de l'émail. Il suffit d'avoir vu la reproduction du vase sur lequel les dessins mettent une dentelle délicate et insaisissable, pour se rendre compte de ce travail. Pour lui-même, il décalque la plupart des ornements et motifs d'inscriptions des salles de l'Alhambra, il déchiffre le soir les traductions des poëmes et versets du Coran écrits sur les murs, il se plonge dans la lecture de l'ouvrage d'Emilio Lafuente Aljatara sur l'Alhambra, et la précision de son esprit paraît dans ce fait qu'il confronte les vers en caractères africains, tels qu'ils sont sculptés sur les murs, avec les mêmes vers transcrits par Lafuente Aljatara, et qu'il note des erreurs, des points et des accents omis, des lettres qui manquent, d'autres qui sont déformées. Il regrette de n'avoir pas de loisir pour étudier l'arabe. Et tout ceci n'est que le surcroît de son travail d'artiste. Il peint à l'huile *l'entrée de la salle des deux sœurs, la salle des bains, la salle des deux sœurs ; la colonnade du petio des Lions.* Il remplit ses cartons de dessins, et on trouve, dans son catalogue, treize aquarelles consacrées à l'Alhambra, ces aquarelles si ardentes, si ensoleillées, véritables tour de force et de couleur. Son séjour à Grenade dura environ deux mois.

Pendant qu'il était à Grenade il alla à Gibraltar; mais de Gibraltar, on voit la côte opposée. Sur l'autre bord du mince détroit, par delà ce bras de mer où les flots d'azur de la Méditérranée et les vagues vertes de l'Atlantique se rencontrent, est la terre étrange et ardente où il désirait aller. La tentation était trop forte, et j'imagine qu'au moment où il aperçut briller Tanger au milieu de l'amphithéâtre d'un violet foncé dont l'entourent les montagnes, une voix cria en lui « l'Afrique ! l'Afrique ! » Il s'embarque. Le navire approche, et on distingue la plage aride, la ceinture brune de vieilles murailles crénelées avec leurs tours rondes et carrées et leur drapeau rouge, les maisons éclatantes de blancheur escaladant pêle-mêle les flancs de la colline et au haut la mosquée et son minaret recouvert de briques vertes et vernies qui reluit au soleil.

Enfin ! il foule le sol africain, et comme un conquérant, il lui semble qu'il en prend possession. Voici la terre désirée et d'autres hommes ; voici des Maures élégants et mous dans leurs haicks aux couleurs vives, des Arabes secs, nerveux et graves dans leurs burnous à plis simples et rigides comme la pierre, des femmes drapées dans un nuage de mousseline claire, ne laissant voir que le tour de leurs yeux bleui par le koheul et le bout de leurs doigts orangés de henné, et des Berbères aux yeux pâles, et des nègres et des Juifs méprisés qui portent parmi ces costumes éclatants leur sombre livrée de dégradation : burnous, bonnet, souliers noirs. Voici les rues tortueuses et grimpantes, entre les murs desquelles la bande bleue du ciel est toute déchiquetée ; voici les maisons sans ouvertures, blocs de craie massifs, sépulcres blanchis où l'Oriental jaloux renferme ses sequins et ses femmes ; voici les bazars, basses boutiques étroites et sombres où sont entassés les tapis turcs, les armes garnies d'argent et de corail, les colliers d'ambre, les fins bijoux ; et les cafés où sur des nattes des formes basanées fument la feuille du chanvre et se plongent dans les ivresses du kief, tandis que des rossignols dans de petites cages en pointes de porc-épic, suspendues à l'auvent, essayent de faire pénétrer leurs mélodies jusque dans les profondeurs de ces rêves. C'est la vie orientale avec son silence, son éclat de couleurs, sa richesse, sa gravité et son mystère.

Regnault en est tellement épris qu'il loue aussitôt une petite maison mauresque : on la meuble à l'orientale : point de chaises, rien que des tapis posés sur des nattes. Le patio est décoré dans le style arabe avec les motifs rapportés de l'Alhambra et fait un atelier ravissant. La terrasse surtout est charmante. Quand ils y sont, les deux amis sont éblouis par « l'éclat de cette ville de neige qui sous leurs pieds descend jusqu'à la mer comme un grand escalier de marbre blanc ou une nichée de mouettes blanches. » Sur les terrasses voisines on voit des négresses qui étalent des tapis ou des mauresques qui disposent sur des cordes leurs haicks, leurs kaftans de drap jaune avec broderies d'argent, de soie rose ou vert tendre, des foulards d'or. « Nos yeux, enfin, voient donc l'Orient », s'écrie-t-il. Mais c'est trop peu d'être installé provisoirement à Tanger ; il veut s'y fixer à demeure. Un peu en dehors de la ville, à deux pas du marché maure, sur la route qui mène par Fez et Tafilet à l'intérieur de l'Afrique, il achète un terrain. Il y a dans sa propriété deux citernes qui ne tarissent jamais, des figuiers et des grenadiers. Il s'y fait commencer un grand atelier. Une fois l'atelier achevé, il se fera bâtir à côté un petit cottage avec écuries, parc pour les chiens et basse-cour. C'est là qu'il travaillera désormais. Au lieu d'avoir à Paris un grand atelier, il n'aura qu'un simple pied-à-terre où il viendra passer deux ou trois mois, après quoi il retournera, comme il dit, dans ses terres africaines. Il sera là admirablement pour voir passer tout ce qu'il y a d'intéressant au Maroc. C'est là que défilent les paysans apportant leurs denrées au marché, par là qu'arrivent les mulets chargés de ce maroquin qu'on fabrique jaune à Maroc, vert à Tafilet et rouge à Fez. C'est là que caracole une incessante cavalcade de fins chevaux arabes de toutes robes : blancs comme un drapeau de soie, noirs comme une nuit sans étoile, alezans comme le sang ou le fond d'une rose, gris comme la pierre de la rivière. C'est ici que passent sur les pourpres du couchant les caravanes qui rapportent de Tombouctou l'ivoire, l'or en poudre et les plumes d'autruche, et sur les blancheurs du matin celles qui y emportent de la poudre, des armes et des tissus. C'est ici le seuil du pays mystérieux et fauve, que brûle un éternel soleil, que dévore une éternelle soif, le pays étrange du sable et du feu. Et pour Regnault c'est une première étape, d'où il partira pour Tunis, puis l'Égypte, puis l'Inde.

> Je monterai d'enthousiasme en enthousiasme, je m'enivrerai de merveilles, jusqu'à ce que complètement halluciné, je puisse retomber dans notre monde morne et banal, sans craindre que mes yeux perdent la lumière qu'ils auront bue pendant deux ou trois ans. Quand, de retour à Paris, je voudrai voir clair, je n'aurai qu'à fermer les yeux, et alors Mauresques, Fellahs, Hindous, colosses de granit, éléphants de marbre blanc, palais enchantés, plaines d'or, lac de lapis, villes de diamants, tout l'Orient m'apparaîtra de nouveau... Oh ! quelle ivresse, la lumière...

Quelle fumée les projets ! Où sont les fleurs des figuiers et des grenadiers que l'eau des citernes faisait éclore ? Où sont les pigeons blancs et bleus qui venaient y boire ? Les vents et les vautours ont mis moins de temps à les emporter que la réalité à disperser ces rêves !

C'est pendant son séjour à Tanger que Regnault acheva sa *Salomé* qu'il avait commencée à Rome. On se souvient de l'effet qu'elle produisit au salon. Ce fut une des rares peinture qui en ces temps d'indifférence, aient eu le don de passionner le public : les jugements furent extrêmes comme le tableau lui-même. C'est qu'il y avait en effet dans cette œuvre une nouveauté qui pouvait dérouter les critiques. Sur une tenture jaune clair bouton d'or ressort durement une énorme chevelure noire ébouriffée, crépue, sous laquelle brillent dans l'ombre deux yeux pleins d'un regard vague et farouche et éclate comme une grenade une bouche qui laisse voir les dents et sur laquelle court un sourire inquiétant, moitié lascif, moitié bestial, baiser ou morsure. C'était une figure d'un charme étrange et sauvage, mais à coup sûr adorable et troublante. Tout autour dans les notes claires où domine le jaune, Regnault a répandu le luxe des étoffes orientales. La Salomé est assise sur un coffret persan couvert d'incrustations. Elle est vêtue d'une tunique d'un jaune pâle qui laissant voir jusqu'à la naissance des seins une poitrine un peu maigre et encore jeune, s'agrafe sur l'épaule droite avec une broche d'argent et d'ivoire; une écharpe d'un rose pâle est jetée sur l'autre épaule; sa taille est serrée par une ceinture violette et jaune et une jupe de gaze tramée d'or et traversée de fins fils verts que le soleil fait pétiller, laisse voir ses jambes fines, nerveuses et qui semblent encore conserver le frémissement de la danse. Ses pieds sont à moitié entrés dans des babouches violettes doublées de rouge qui reposent sur une peau de tigre dont les taches jaunes et noires rappellent la note dominante du tableau. Elle a sur ses genoux un bassin de cuivre repoussé où est posé un poignard à manche d'ivoire, à fourreau de velours rouge, à larges ciselures d'argent, à cordons de soie noire tressés d'or avec lesquels joue sa main maigre, nerveuse, veinée d'azur, une main exquise. A son bras droit s'enroule une vipère d'émail vert à laquelle deux rubis mettent deux yeux sanglants. Un cadre d'ébène renferme le tableau dans une autre ligne noire et sert d'écho et de soutien à la chevelure. C'est un prodige d'audace et d'habileté. Tous ces tons clairs sont merveilleux, c'est une fête de couleurs, et pour le regard une caresse inattendue et délicieuse. Maintenant qu'un jugement plus calme a succédé aux appréciations passionnées des premiers jours, le mérite de cette œuvre extraordinaire est reconnu, et des critiques d'alors il ne subsiste guère que celle qui a été faite par M. Paul de Saint-Victor, c'est que les chairs diaphanes et nacrées de la Salomé ne sont pas celles de son type barbaresque, ni des cheveux noirs entassés sur son front étroit, et qu'on dirait une gitana déguisée sous une peau d'anglaise.

C'est encore à Tanger que Regnault fit son *Exécution* dont le sujet fit pousser un cri d'épouvante. Dans le fond une architecture orientale pleine de notes de rose tendre et d'or pâli, sur le devant un escalier de marbre blanc qui monte, sur cet escalier un maure basané, vêtu d'une longue robe où les nuances de la rose morte et de la feuille sèche se mêlent, essuye lentement avec un grand geste calme la lame d'un sabre. A ses pieds, un cadavre décapité vêtu de velours vert se tord, et quelques marches plus bas roule la tête crispée, furieuse, envoyant à l'exécuteur un regard de haine et de rage. Entre la tête et le corps, une mare de sang rouge, qui descend les marches et se répand en larges flaques et en éclaboussures fines. C'est d'une vérité affreuse : ici le sang a jailli en gouttelettes, là il coule en longs filets et se coagule.

C'est encore là-bas qu'il peignit ses charmants petits tableaux marocains : Le *départ pour la fantasia*, *la sentinelle marocaine*, *l'intérieur d'un harem marocain*, et qu'il ébaucha sa ravissante *sortie du pacha à Tanger* qu'il laissa inachevée sur son chevalet quand les nouvelles de France le rappelèrent soudainement. A part trois aquarelles d'une splendeur et d'une richesse inouies qu'il fera pendant les sombres jours du siége, à part les portraits au crayon de MM. Bida et Duruy, l'œuvre de Regnault est close avec son départ de Tanger. Nous pouvons essayer de la juger. Nous savons de lui tout ce qu'il nous est donné d'en savoir.

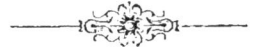

III

Regnault n'est pas un dessinateur, ce qui n'est pas à dire qu'il dessine mal. Ses croquis dénotent au contraire une possession parfaite de l'anatomie et une science remarquable des formes qu'il rendait avec un curieux mélange de finesse et de largeur dans le trait. Il avait même plus que cela. Il y a dans ses figures une simplicité et une noblesse de pose qui sont remarquables et qu'il faudrait peut-être rapporter à l'influence de l'atelier de Lamothe. Dans *Prim*, dans l'*Exécution*, dans la *Salomé* et surtout dans certains de ses petits tableaux orientaux, les attitudes sont calmes, bien établies, définitives; elles ne suggèrent pas l'idée d'un autre mouvement ; elles satisfont pleinement; elles sont presque sculpturales, on pourrait les tailler dans la pierre ou les couler en métal ; les plis sont simples, l'aspect général est ample et reposé. Ce côté du talent de Regnault, qui peut-être n'a pas été assez remarqué, m'a toujours beaucoup frappé. Et cependant Regnault n'est pas un dessinateur. C'est qu'il ne suffit pas pour avoir droit à ce titre de posséder à un haut degré la science du dessin ni même d'avoir le sens de la forme. Le dessinateur est celui qui, en peinture, prend le dessin comme principal but et comme principal moyen d'expression ; c'est celui qui, en face des spectacles complexes et confus de la nature, puisque l'art est œuvre d'isolement, isole surtout le trait des objets et en précise le contour. Il peut alors rechercher des combinaisons belles, nouvelles, harmonieuses de lignes, comme d'autres le font pour les couleurs, et ne pas dépasser un idéal presque matériel comme celui que Ingres a poursuivi. Mais il peut aller plus loin, et, tout en retenant cette pureté de la forme, y ajouter quelque chose, et s'en servir pour exprimer des sentiments : il s'élève alors à l'idéal qu'a atteint Raphaël. Le peintre alors, tout en restant artiste, devient psychologue et physiologiste, il doit connaître et les mouvements de l'âme et les mouvements du corps qui leur servent de reflet, et il doit les traduire avec beauté. On n'imagine pas la difficulté de ce travail et l'immense science qui est nécessaire pour le mener à bien : les maîtres italiens de la Renaissance en donnent quelque idée à qui étudie leurs dessins. Non-seulement il faut trouver le geste qui exprime telle passion ou telle nuance de passion, mais celui qui l'exprime le plus éloquemment. Qu'ai-je dit, le geste ? Il faut qu'autour du geste central et dominant se groupent, se massent, se coordonnent une foule de gestes secondaires produits par lui, découlant de lui et ramenant à lui, comme les figures secondaires conduisent aux principales. Il faut que tous les membres conspirent à la même impression et que jusqu'aux extrémités tout le corps se roidisse du même effort, s'emporte de la même colère, s'alanguisse de la même tendresse, qu'il soit enfin pénétré tout entier de la même passion. Il faut que dans ce mouvement général de muscles, l'artiste, sans exagérer ceux qui sont expressifs, passe plus légèrement sur les autres et donne ainsi aux premiers plus de valeur et à l'ensemble de l'attitude une signification plus claire. Il faut qu'il traduise non-seulement chaque passion, mais chaque nuance de passion, et d'une manière différente selon le sexe, le rang, l'âge et la position de la figure dans le tableau. Il faut qu'il fasse le même travail pour chacun des personnages; il faut qu'il les groupe en un tout organique. Il faut enfin que toutes ces actions obéissent à une loi supérieure d'harmonie, que toutes ces voix s'arrangent en un chœur et que tous ces accents éloquents soient unis dans un rhythme général et simple. Alors on est Raphaël, ou de Corrège, ou Léonard, ou Michel-Ange; on trouve de ces gestes, qui sont plus terribles qu'un cri de colère ou plus adorables qu'un cri de tendresse, de ces attitudes qui semblent la passion elle-même, tant elles résument l'habitude d'une passion; on ne copie plus, on interprète, on exprime quelque chose, on crée, on est sur les sommets de l'art, là où l'air plus serein atténue les couleurs et donne aux lignes plus de netteté.

Ces hauteurs, tout le monde sans doute n'y arrive pas, mais tout dessinateur y aspire, et, fût-il dans la plaine, il marche du côté où elles brillent ; là est son idéal. Regnault ne s'en préoccupa point : le sien était d'un autre côté. Il n'allait pas comme certains peintres jusqu'à ne voir dans la forme qu'une boîte à couleur, et il avait l'instinct du dessin, mais il n'en a pas pris conscience, il n'a pas appliqué sa volonté à l'étendre, à l'assouplir, à l'épurer, il a pensé à autre chose, il a regardé ailleurs, il a suivi une autre route. Notre temps fut pour une grande part dans cette direction : il exige les choses rapides et brillantes, rapides parce qu'il va vite, brillantes parce qu'il voit beaucoup ; le progrès de sa marche et l'étendue de ses recherches l'empêchent de s'arrêter longtemps et de s'appliquer avec soin ; il ne faut pas le retenir, mais il faut le frapper : donnez-lui pour tableaux des effets sommaires et extrêmes, et qu'il passe outre. C'est que nos générations ont toutes, plus ou moins, la conscience de ne pas faire de travail définitif ; elles savent qu'elles ne posent que des échafaudages pour le grand édifice que verra l'avenir, et que leurs œuvres ressemblent aux arcs de triomphe d'un jour, fragiles et éclatants, qu'on met aux abords d'un palais et sous lesquels notre siècle passe avant d'arriver aux portiques de pierre. Il faut donc des effets bruyants et tranchés ; on n'a pas trop d'une demi-journée pour suivre, étudier un Poussin ; il suffit d'un quart d'heure pour épuiser l'impression d'un Corot. Cela éloigne du dessin et porte à la couleur, mène à un art où l'impression l'emporte sur la réflexion.

On a dit que Regnault était le peintre de la lumière et je suppose que c'est la *Salomé*, l'*Exécution* et ses tableaux marocains qui ont fait dire cela. C'est exagérer beaucoup. Peindre en pleine lumière n'est pas peindre la lumière ; bien loin de là, c'est se priver de toutes ses ressources et se condamner à chanter avec une note. Les peintres qui en ont été le plus épris, l'ont représentée à tous ses degrés, tantôt claire et vive, tantôt obscurcie et mourante ; ils l'ont accueillie dans tout son éclat, mais ils l'ont suivie dans ses dégradations infinies, ses reflets, ses jeux avec l'obscur, ses audaces et ses aventures dans le crépuscule des fonds, son évanouissement à l'horizon. A cause d'elle, ils ont aimé l'ombre, sachant que pour avoir tous les degrés de la lumière il faut avoir tous les degrés de l'ombre, mais en sens inverse, car l'une est complémentaire de l'autre, et si, dans la nature, il n'y a pas d'ombre sans lumière, en peinture il n'y a pas de lumière sans ombre. Les résultats de cet emploi habile du jour sont faciles à saisir : il fait reculer les arrière-plans et avancer les premiers : en augmentant la profondeur dans un sens et le relief dans l'autre, il donne l'idée de la distance et complète la perspecve des lignes : on pourrait dire que c'est la perspective des couleurs. Il y a davantage. Cette lumière qui pénètre partout, qui se fond dans les ombres ou dans les lointains, si insaisissable qu'on ne sait pas où elle expire, donne aux tableaux l'attrait des choses qu'on ne voit pas finir et qu'on n'atteint jamais. Derrière les objets vivement arrêtés du devant, elle met la part de mystère que recèle tout spectacle ; et dans la pensée du spectateur, la part de vague et d'obscur par laquelle toute idée, si claire qu'elle soit, se rattache à l'inconnu. Elle est la force et aussi la caresse de la peinture ; car si elle fournit aux premiers plans la netteté de ce qui s'avance, elle communique aux derniers le charme de ce qui se cache, s'enveloppe, se voile, se refuse, je ne sais quoi de discret et de vaporeux qui est comme la pudeur et la grâce des choses. Elle fait naître une rêverie lointaine comme elle, et une émotion comme elle adoucie et tremblante. Aussi les maîtres de la lumière ont-ils tous été des âmes concentrées, profondes, émues, discrètes : c'est Léonard, c'est le Corrège, c'est Rembrandt qui parvint presque à abstraire la lumière de la couleur, c'est Prud'hon, c'est de nos jours Henner.

Nous ne trouvons rien de cela dans Regnault, mais bien plutôt tout l'opposé. C'est une nature moins émue que brillante, tout en dehors, qui s'étale plus qu'elle ne se concentre et préfère l'éclat au charme. Son talent a ce qui frappe plus que ce qui séduit. Ses tableaux n'ont pas les lointains adoucis où se prolonge et se meurt la lumière, mais les surfaces heurtées sur lesquelles se brise et rejaillit le soleil. Depuis le moment où les objets sortent de l'aube jusqu'à celui où ils rentrent dans le crépuscule, depuis la campagne ouverte jusqu'aux recoins des caves, il y a des degrés innombrables de valeurs. Regnault n'en a connu qu'un : le plein midi. Il a peint l'intensité et non la variété du jour. Il n'a pas connu les modulations infinies et charmantes de la lumière, il n'a donné qu'une note élevée, éclatante, aiguë, mais toujours la même.

Aussi ses toiles manquent-elles précisément de ce que donne la lumière : la profondeur et le relief ; ses figures sont minces et collées sur la toile. C'est l'inconvénient de peindre en plein soleil, qui détruisant les ombres ramène tout à un même plan et aplatit les objets. C'est le reproche qu'on lui faisait et un défaut qu'il sentait lui-même, puisqu'il écrivait à M. de Montfort :

... Je vous remercie de vos bonnes lettres et des impressions que vous m'envoyez sur ma peinture. J'ai plus de confiance dans votre jugement que dans celui de n'importe qui, et si vous me dites que ma peinture creuse, c'est que c'est vrai. Je vous avoue que je ne le vois pas, et cela m'afflige. Ma parole d'honneur, chez moi, les chairs de la Salomé ne creusaient pas.

Ainsi, je vous serai obligé si vous voulez bien m'écrire par quoi pèche la toile que je vais envoyer à Paris. C'est un grand service à me rendre.

...J'ai tâché de ne pas faire creux. Pour moi, et ici, habitué à voir des figures d'un seul ton au milieu de murs blancs, par conséquent toujours reflétées, se détachant beaucoup plus par la valeur plaquée et presque sans modelé que par les effets d'ombre et de lumière, pour moi, dis-je, mes chairs ne me paraissent pas creuses. Mais je ne réponds pas qu'à Paris, à côté d'autres peintures, elles ne puissent manquer de solidité. Dites-le moi bien franchement....

Ni par sa nature, ni par le sentiment qui se dégage de ses toiles, ni par sa manière de peindre, Regnault n'appartenait à l'école de ceux qu'on appelle les luminaristes.

C'est bien plutôt un coloriste : ce qui le frappe dans ce qu'il voit, ce sont les couleurs des choses dans leurs accords et leurs contrastes. Mais ici encore, il faut préciser : il est ce qu'on appellerait volontiers un coloriste indifférent. Certains peintres se servent de la couleur comme d'un moyen d'expression, ils intéressent leur coloris à leur sujet. Si la scène qu'ils représentent est terrible, il y a dans la teinte même des lieux où elle se passe quelque chose de dramatique et de lugubre ; si elle est gaie, les objets même prennent je ne sais quel clair aspect de fête. Stendhal observe que le même arbre n'aura pas la même teinte s'il abrite les amours de Léda et du Cygne ou une scène de brigands. Si on néglige la donnée historique et qu'on n'envisage que le côté esthétique, il n'est personne qui ne sente que les descentes de croix prennent une tristesse plus navrante et une grandeur plus terrible de ce ciel chargé de deuil et déchiré d'éclairs. Tant que l'art sera une sélection et une accumulation de traits pris dans la nature, une concentration d'effets destinés à produire des impressions plus restreintes, mais plus vives que celles que nous recevons des spectacles naturels, cette complicité du coloris avec le sujet restera œuvre d'artiste. A vrai dire, les grands coloristes décoratifs comme Véronèse, soucieux par dessus tout de réjouir le regard, se sont peu préoccupés de cette éloquence du coloris, et il semble que ce moyen d'expression soit moderne. Mais qu'on prenne Delacroix dont l'âme inquiète pénétra plus avant dans le sens des choses : c'est un coloriste à coup sûr, et cependant c'est un des peintres qui ont su le mieux faire servir la peinture à la traduction de la pensée. C'est qu'il a adapté son coloris à son sujet et qu'il a fait du sourire et des larmes des choses un cadre à la joie et à la tristesse humaines. Qu'on regarde son *Christ au tombeau*, son *Hamlet devant le fossoyeur*, son *Dante* ; de loin, et rien qu'à leur teinte générale, on en devine la pensée, et quand le spectateur arrive assez près pour les voir il est déjà dans la disposition d'âme nécessaire pour les comprendre. On pourrait dire qu'en fait de coloris, Delacroix a observé la loi des unités et qu'en ce sens il a été classique.

Regnault n'était pas de ces artistes pour qui l'aspect des objets change selon les états de l'âme, qui teignent tout de leur propre émotion et pour lesquels le ciel le plus pur se couvre d'un voile quand ils sont attristés. Il était frappé de l'aspect plus que du sens des choses ; il les copiait sans les interpréter. Son coloris ignore son sujet: il n'est pas expressif, il est purement décoratif. Regnault ne combine pas ses couleurs de manière à éveiller des sentiments dans l'âme, mais de façon à exciter d'agréables sensations dans l'œil. Son portrait du général Prim fait seul exception et la couleur y est heureusement dramatisée.

Comme coloriste proprement dit, Regnault n'appartient pas à l'école des Vénitiens chez qui les couleurs, quelque brillantes qu'elles soient, ont toujours je ne sais quel air de famille et comme quelques gouttes du même sang. C'est cette nuance commune qui assoupit un peu ces couleurs si profondes et si riches, et qui donne aux toiles du Titien leur chaude harmonie dorée et à celles de Véronèse leur harmonie plus argentée et plus claire. Chez Regnault, les couleurs sont plus indépendantes l'une de l'autre ; elles sont employées dans toute leur franchise, s'exaltant réciproquement par leur juxtaposition ; elles ont plus d'individualité, pour ainsi dire. Mais l'effet général est plus décousu, plus heurté ; il faut les prendre une à une ou, tout au plus, deux à deux ; l'œil est obligé d'analyser le tableau : chaque détail a plus de force et l'ensemble en a moins.

Regnault ne suit pas non plus Vélasquez qu'il admire cependant avec ferveur. Le peintre de Philippe IV est un coloriste discret et modéré qui emploie surtout les tons rompus qu'il relève par une touche un peu plus claire mais prise dans les nuances un peu éteintes, et qui arrive à une harmonie peu bruyante et exquise. Regnault est un coloriste flamboyant qui prend les couleurs à leur maximum de franchise, leur donne leur maximum d'exaltation par des rapprochements sans transitions et obtient ainsi un maximum d'intensité. C'est dans les accessoires seulement qu'on pourrait retrouver l'influence de Vélasquez : il y a tel bout d'étoffe, telle écharpe traités avec une finesse de demi-tons admirable. Il y a autant de délicatesse dans les détails que de violence dans l'effet principal : il pousse tout à outrance.

C'est là du reste son système : un choc brusque, une rencontre de couleurs franches s'exaspérant l'une l'autre, se dressant l'une contre l'autre et, tout autour, se répandant, s'appellant, jouant entre elles, les nuances les plus subtiles, les plus fragiles, les plus fugitives des demi-teintes : des mièvreries autour d'une brutalité. C'est, on le voit, un coloris de raffiné et de blasé auquel il faut ce qu'il y a de plus fort et de plus recherché.

Il est juste d'ajouter que Regnault en était encore à la période de formation et d'études. Il ne faudrait pas voir dans sa *Salomé* et dans son *Exécution* une manière définitive ou un parti pris arrêté. Quand on travaille un art, il est impossible de ne pas donner de ces œuvres mi-partie productions, mi-partie excercices, où l'on entasse et où l'on exagère les difficultés de façon à en être parfaitement maître quand on les rencontrera plus tard. Les poëtes font des tours de force de rime, comme ceux qu'on trouve dans les premiers volumes d'Hugo, les peintres font des tours de force de couleur, afin que le jour où l'idée viendra, la plume ni le pinceau ne soient un obstacle et qu'ils obéissent docilement. L'*Exécution* n'est pas autre chose. C'est un exercice qui a pour base l'opposition classique des deux couleurs complémentaires : le rouge et le vert, toutes deux élaborées dans leurs nuances ; l'effet central est le choc entre le rouge vif du sang et le vert foncé de l'habit sur un fond blanc qui les relève tous deux. La *Salomé* n'est pas autre chose qu'un autre exercice sur le jaune et le noir. Théophile Gautier a dit que c'était une symphonie en jaune majeur, il serait plus juste de dire que c'est une gamme. L'opposition forte du noir et du jaune, qui éclate au milieu du tableau entre la chevelure et la couleur du fond, est reproduite d'une façon rompue dans la peau de tigre qui se trouve sous les pieds de la danseuse, et le jaune qui est la couleur dominante du tableau est avivé par des notes éparses de sa complémentaire le violet.

Cependant il est possible de pressentir que Regnault se serait bien vite dégagé de ces effets un peu criards pour rentrer dans la grande loi de l'harmonie qui est celle de l'art lui-même. Il y a dans ce merveilleux petit tableau laissé inachevé « la *Sortie du pacha de Tanger,* » un groupe plein de promesses. C'est le pacha en burnous blanc sur un cheval blanc harnaché de rose et derrière lui un chef arabe dans un burnous bleu pâle sur un cheval gris. C'est un véritable bijou de couleurs fines, délicieusement réunies, on ne peut rien rêver de plus charmant et de plus simple. On y sent comme le germe d'une nouvelle manière.

Ces exercices de couleur avaient, en effet, dû rassurer Regnault et lui montrer qu'il possédait désormais toute la pratique de son art depuis les plus frappantes audaces jusqu'aux plus insaisissables délicatesses. Pour le maniement de la couleur c'était désormais un maître. Il peint à la façon des grands, avec ces belles coulées de pâte, hardies et larges; on sent, en la regardant de près, que cette couleur est solide.

Mais il y a au-dessus de la science et de l'habileté de l'artiste qui n'est que la grammaire de la peinture et avec laquelle on ne ferait que des morceaux et des études; il y a au-dessus même de la composition qui n'en est que la rhétorique et avec laquelle on n'aurait que des œuvres correctes; il y a un accent qui en est l'éloquence qui pénètre tout et l'anime. C'est quelque chose de personnel et d'intime, une façon particulière de saisir un aspect des choses, une conception générale, une émotion habituelle et dominante que certains hommes emportent avec eux, cette joie ou cette mélancolie qui est en eux et qu'ils trouvent partout, cette goutte de miel ou d'absinthe que toutes les coupes prennent en touchant leurs lèvres. Ce n'est pas affaire d'étude, mais de personnalité ; cet idéal, le peintre le reçoit de l'homme, l'art l'emprunte à la vie. Pourquoi tout ce que Michel-Ange aperçoit prend-il un aspect puissant et surhumain ? Sinon parce qu'il avait une âme grandiose. Pourquoi tout ce que le Corrège entrevoit se revêt-il de grâce et de charme ? Sinon parce qu'il avait une âme tendre. Pourquoi les figures de Léonard et de Rembrandt sont-elles pleines de mystère ? Sinon parce qu'à côté du peintre, il y avait dans chacun d'eux un penseur. Pourquoi un paysage devient-il mélancolique quand Ruysdaël le regarde, et familier quand c'est Téniers ? Pourquoi de nos jours, Puvis de Chavannes est-il un noble et pur artiste, quoique peintre inférieur à plus d'un, sinon à cause de l'élévation et de la candeur qui sont en lui. La façon dont on comprend le monde a une influence souveraine sur la façon dont on l'interprète, une influence presque nulle lorsqu'on le copie. Mais il convient de dire que les grands artistes sont ceux qui l'interprètent ; et peut-être ne le copie-t-on que parce qu'on n'en a pas encore découvert le sens.

Trouvons-nous dans les œuvres de Regnault trace de cette conception supérieure, personnelle et vivifiante ? En discernons-nous le germe dans ses lettres ? Quel est le sentiment dont il imprégnera ses toiles ? Nous ne pouvons le prévoir : il peint avec indifférence, d'une façon tout extérieure ; on dirait qu'il se garde de l'intervention de l'artiste dans son œuvre et qu'il travaille d'une main impassible. S'il veut inspirer quelque chose, c'est l'horreur, mais sans la ressentir et par des moyens purement physiques. Il n'en reproduit que l'appareil et non l'émotion. Son idéal est l'étrange et l'horrible. De même que son coloris se résume en un choc brutal de couleurs franches entouré de délicatesses inouies de nuances, de même sa composition se résume dans le contraste du terrible et de l'élégant. Dans l'*Exécution* comme dans la *Salomé*, l'idée consiste à évoquer une scène sanglante dans un milieu riant, à marier l'épouvante et le ravissement. C'est évidemment une conception qui n'admet ni grande variété, ni grande élévation. Prendre tour à tour l'affreux et le gracieux pour cadrer l'un de l'autre, mettre une goutte de sang dans une rose ou une rose dans une mare de sang, se fournir ainsi une opposition violente et avant tout un assemblage de couleurs magnifiques, ce n'est pas un idéal; c'est une formule et presque une recette.

Il y a dans la correspondance de Regnault une lettre de beaucoup d'intérêt parce qu'elle marque le dernier point où la conception artistique soit parvenue en lui. C'est celle où il fait rapidement l'esquisse d'un grand tableau qu'il avait projeté.

Je voudrais au moins, avant de mourir, avoir créé une œuvre importante et sérieuse, que je rêve en ce moment, et où je lutterai avec toutes les difficultés qui m'excitent. Quelle que puisse être l'issue de cette bataille, quand tu viendras à Tanger, tu me trouveras en face d'une toile immense, où je veux peindre tout le caractère de la domination arabe en Espagne, et les puissants Maures d'autrefois, ceux qui avaient encore à leur tête le vrai sang de Mahomet à la troisième, quatrième, cinquième et sixième génération...

J'espère bien rencontrer dans les histoires des Maures un fait historique ou un nom qui se rapportera à ce que je veux faire et contentera tout le monde. Je commencerai toujours, et si je trouve à baptiser mon tableau, avant qu'il me quitte, tant mieux ; sinon j'invente et je renvoie les critiques au chapitre 59,999 d'une histoire arabe indiscutée, mais détruite dans l'incendie ou le sac d'une ville.

Les deux immenses portes bleu et or de la Salle des ambassadeurs viennent de s'ouvrir sur une galerie dont les gradins sont baignés par un fleuve ou un lac, sur les bords duquel est bâti mon palais ; — je détourne la critique en ne faisant ni l'Alhambra, ni l'Alcazar de Séville ; mais un palais qui n'est pas entouré d'eau n'est pas un palais pour moi...

Le roi maure paraît entre ces deux immenses battants de porte, armé et recouvert de ses plus fins tissus, sur un cheval richement caparaçonné ; il est impassible, et regarde on ne sait où, comme le sphinx d'Égypte ou une idole indienne, comme un élu enfin, un descendant du prophète, un être adoré, encensé. A ses pieds, ou plutôt aux pieds de son cheval, un héros, le général en chef de ses armées, est humblement prosterné et dépose son épée. Il vient de conquérir à son maître une province ou une ville, et l'offre à Celui qu'on ne regarde qu'en tremblant et à genoux.

— Les inscriptions de l'Alhambra sont pleines de litanies au nom du roi qui en a fait construire les salles ; soleil, lumière du monde, sont les titres les plus modestes qui lui sont adressés. — Sur les marches de marbre blanc, où sont jetés de somptueux tapis, sont échelonnés des guerriers (les plus beaux des officiers), qui rapportent les drapeaux pris à l'ennemi, et une épée chrétienne, celle du général ou du roi chrétien ; deux barques sont attachées aux marches : de l'une descendent le général et sa suite ; dans l'autre, de beaux nègres gardent un groupe de femmes captives, les plus belles chrétiennes de la province conquise ; elles seront présentées au roi et offertes après les drapeaux ; celles sur qui son regard daignera descendre seront conduites au harem. A la proue d'une des barques, une tête coupée sera clouée, la tête d'un chef chrétien. Tout est or, étoffes merveilleuses, tout est élégant et précieux : architecture, armes, pierreries, chairs de femmes, et au milieu : le *despotisme*, l'indifférence, l'insouciance mahométans... Le roi regarde à peine le général vainqueur : les portes de son tabernacle s'écartent, et, comme une idole enfermée et dont le temple s'ouvre, il est là, objet d'adoration...

Puis les portes se refermeront, il se couchera de nouveau sur des coussins : une lionne apprivoisée lèchera ses pieds ; ses deux esclaves favorites allumeront des parfums, et, le soir, il ne saura plus même s'il a reçu en présent quelques provinces de plus... Il aura quelques chairs nouvelles près de la sienne, voilà tout...

Le mépris pour les chrétiens à indiquer aussi : on ne rapporte pour tout butin qu'une épée, des loques, des drapeaux et des femmes. Mais pas de cassettes ni de richesses chrétiennes ; à quoi bon ? Il n'ont nul besoin *de l'or des chiens*.

Leur civilisation est rendue par l'élégance artistique de tout ce qui les entoure ; ils ont même (j'en ai vu à l'*Armeria* de Madrid) des armures plus belles et plus élégantes que celles des chrétiens d'alors, et toutes recouvertes d'étoffes précieuses.

La cruauté : une tête coupée est clouée comme un trophée à la barque ; mais les têtes des guerriers obscurs ont été tranchées et clouées aux murs et aux portes de la ville prise. Les femmes seront demi-nues, elles se sont débattues : il faut que les yeux du maître soient attirés par l'éclat des chairs blanches et jeunes, etc.... Mais je suis fou de t'écrire un tableau, tu le verras.

... Il faut enfin que ce soit une œuvre ; puis je pourrai reprendre mon sac et aller adorer Brahma et Siva ! Mais avant *il faut* que j'aie créé une chose importante.

... N'oublie pas l'Inde : c'est de là qu'il nous faut revenir hommes... Jusqu'à présent je n'ai appris qu'à marcher, à manger... Sois prêt pour l'automne 1871. Partons *jeunes* pour être émus, pour pouvoir nous assimiler et boire le soleil, supporter l'éclat des marbres, des étoffes, et revenons *jeunes* pour créer avec force...

Après avoir étudié ce qu'est Regnault, nous voudrions essayer de conjecturer ce qu'il serait devenu. C'est toujours une entreprise difficile et incertaine que de prédire ce qu'un homme aurait fait et où il serait arrivé. Mais il n'est pas impossible de calculer, avec quelque probabilité, la trajectoire d'un esprit, en tenant compte des forces qui l'entraînent et de celles qui peuvent lui faire obstacle. Dans ce combat entre les vents propices et contraires, que serait-il advenu de ce jeune talent ? Quels étaient les dangers où le poussaient son époque et son tempérament, quelles étaient les influences extérieures et les énergies personnelles qui l'en auraient sauvegardé ?

Le danger était dans le goût de l'étrange et du recherché qui n'est pas autre chose que l'éloignement du naturel et du simple. Cela sans doute importe peu à ceux à qui on le reproche, et pourtant il est bon d'y prendre garde. A ne regarder que l'artiste, cette préférence finit par avoir des suites funestes et détériorantes : elle est l'opposé du tempérament artistique. Cela se comprend aisément. Les choses bizarres étant incomplètes et rares dans la nature, il faut une application particulière pour les découvrir et les achever. En outre, l'esprit n'y étant pas fait, il faut une tension toute spéciale pour le contraindre à se fixer sur elles. Des deux côtés, il y a par suite beaucoup de voulu, et dans l'agencement nécessairement artificiel des œuvres de ce genre, on trouve toujours quelque chose de forcé et de roide, du parti pris et de l'effort. Qu'on regarde les hommes qui, chez nous, représentent la littérature de l'étrange : Baudelaire, Gautier,

Flaubert. Ils ont le tempérament le moins artiste qu'il soit possible de trouver. L'ont-ils eu et leur système l'a-t-il tué ? Peut-être. Mais tels qu'ils se sont faits, ce sont des gens de beaucoup de volonté, de beaucoup de travail et de beaucoup de savoir. Ce sont des ouvriers lents et patients, des érudits, des curieux, presque des bibliothécaires. Aucun entraînement, aucune verve, nulle émotion, nulle chaleur, rien de ce qu'on se représente comme la fièvre de la production. Au contraire, une complète possession de soi-même, un labeur minutieux, infatigable, un soin infini du détail, nul mouvement, mais nulle défaillance, quelque chose de froid et de brillant comme une mosaïque. En sorte que par un étrange retour, ces hommes qui criaient contre l'étroitesse et la rigidité classiques, qui réclamaient les domaines infinis de l'espace pour leur fantaisie et voulaient que la forme flottât librement comme une banderolle, ont fini par enfermer l'imagination dans une bibliothèque historique ou médicale et par pétrifier la phrase dans une ciselure de lapidaire. Ils ont voulu faire œuvre d'artistes et ils n'ont fait qu'une besogne de grammairiens, ils ont donné le pas aux mots sur les idées et ils resteront pour avoir élargi le vocabulaire. On voit quelles sont les conséquences funestes de cet amour de l'étrange: il n'y a rien de plus contraire à l'élan et à l'entrain. Cela ruine un tempérament d'artiste pour ne laisser que des habitudes de curieux et des habiletés d'ouvrier. C'est sacrifier l'art au métier, c'est tout ôter à l'imagination et tout donner à la volonté. C'est pourquoi la recherche de l'étrange ne peut fournir une carrière de peintre et l'originalité ne peut donner naissance qu'à des œuvres d'exception dans une vie sérieusement dévouée à l'art. Or Regnault avait été touché par l'aile malfaisante de ce génie bariolé.

Le danger était dans cette affectation d'impassibilité et d'indifférence pour la personne humaine, qui, à part quelques exceptions, a régné pendant longtemps. L'artiste se serait reproché comme une faiblesse et une duperie d'être saisi et ému par ce qu'il représentait. Mais en retranchant ainsi la passion chez le producteur, on supprimait la vie dans l'œuvre et on tombait dans la peinture de nature morte. Non-seulement l'âme n'apparaissait pas, mais le corps lui-même disparaissait sous les oripeaux, n'était qu'un prétexte à accessoires et un mannequin à costumes. Les robes furent admirables et les têtes insignifiantes. Seuls les paysagistes qui sont en commerce forcé et continuel avec ce qui germe, croît, palpite, conservèrent l'instinct de la vie et firent autre chose que des œuvres inanimées. Par malheur, l'école de l'impassibilité avait trouvé des exposants dans des écrivains auxquels leur talent et leur compétence assuraient de l'autorité. Leur influence était grande à la fin de l'empire, et dans le milieu critique et littéraire où Regnault vécut pendant plusieurs années, la séparation de l'artiste et de son œuvre était de mode. Cela revenait à dire qu'il fallait ne représenter que l'aspect extérieur et pittoresque des êtres, non-seulement sans en pénétrer la pensée, mais encore sans y rien mettre de soi. Et pourtant tout est là. La chose rare, la chose exquise et précieuse, ce n'est pas ce coffret de nacre et d'ivoire, ni ce bracelet d'émail, ni ces pierreries, ni ces étoffes tramées d'or, c'est ce qui ne sort d'aucun métier, ce chef-d'œuvre qui a demandé les harmonies profondes et mystérieuses d'une parfaite union humaine et le perfectionnement d'un long travail sur soi-même. Ce que je veux trouver, c'est une personnalité, c'est le résumé de tous les sentiments que les ans lui ont inspirés et de toutes les idées que lui a fournies l'étude, c'est l'essence d'une vie d'élite. Voilà pourquoi c'est inestimable. Entre le producteur et l'œuvre, il n'y a pas de dualisme : la création d'un artiste doit être un panthéisme où le dieu est partout présent.

Le danger était encore dans son admiration excessive de l'art oriental qui l'aurait entraîné de plus en plus vers la décoration. L'art oriental ne vise pas à la pensée, mais à la sensation. C'est en résumé un assemblage harmonieux de couleurs vives qui, pour le regard, a toute la splendeur d'une fête et toute la douceur d'une caresse. Le sens de la couleur qui est infaillible chez les races touraniennes (1) et qu'elles semblent avoir transmis aux races qui les ont approchées forme la base unique de cet art sans idéal. On n'admire pas dans l'Alhambra la beauté des lignes, ni la noblesse de l'ensemble, ni la finesse des détails, mais la vigueur et l'accord des colorations. Ce n'est pas de l'art, c'est de l'ornementation; c'est l'adresse du tisserand des châles de Cachemire ou des tapis de Smyrne appliquée à la maçonnerie (2). Je sais qu'il est impossible à un européen d'oublier complètement le personnage humain, mais il peut être amené à le négliger et à le sacrifier au luxe et à l'architecture qui l'entourent. On voit que c'est encore retomber par ce chemin dans la peinture de nature morte et subordonner tout au rapprochement ingénieux de deux couleurs. Or on a vu que Regnault penchait de ce côté.

Au fond c'étaient là les trois faces d'un seul et même danger : l'absence de sympathie pour son époque. Regnault commençait sa vie dans des temps critiques et périlleux. On était aux dernières années de l'empire, lourdes et étouffantes années. Après le premier tumulte de ceux qui s'étaient rués dans la servitude ou blottis dans la peur, le calme avait régné, et un silence fait de l'exil des uns et de la faiblesse des autres. Les grandes voix qui parlaient au delà des mers et des monts n'arrivaient pas ; les autres se taisaient. Le pays s'endormait,

---

(1) Voir le remarquable chapitre d'ethnographie artistique qui termine le livre de J. Fergusson, *History of Architecture*.
(2) Voir le grand ouvrage d'Owen Jones sur l'Alhambra.

s'engourdissait dans l'inaction et l'on eût dit une attente d'orage. On sentait qu'on vivait dans un temps qui non-seulement n'avait pas de grandeur, mais qui même était sans dignité. il y avait peu de choses à aimer, moins à estimer, rien à quoi se rattacher. Que faire quand on ne sait où placer son dévouement, sa fierté et sa force ? La lassitude et le dégoût s'étaient emparés des âmes et tout ce qu'il y avait d'honnête sur ce sol s'était retiré dans l'isolement ou la colère. Il n'y avait que des révoltés ou des sceptiques : il fallait se lancer dans l'opposition qui était une haine ou se réfugier dans l'indifférence qui était un dédain. Des deux côtés, où était la sympathie pour le pays et le temps où l'on vit ? Démolir ou oublier : triste alternative ; quelques-uns se mirent au bélier, et les autres s'embarquèrent sur la nef qui porte vers les contrées lointaines et les temps disparus. Cet éloignement de l'existence contemporaine conduisait à tous les défauts que nous avons relevés chez Regnault. Ils n'étaient pas siens : c'était le malheur et le châtiment d'une époque qui avait failli et rougissait de se regarder elle-même, et lui, inconsciemment, comme un artiste qu'il était, descendait le courant général.

Mais, en face de cela, que de promesses, que de gages d'un développement solide et sérieux ! Dans cette lutte entre les mauvaises et les bonnes influences, combien celles-ci étaient plus puissantes et qu'il est invraisemblable qu'elles eussent pu être vaincues ! N'était-il pas de ces natures fortement ailées qui, comme les abeilles, crèvent les toiles d'araignées où se prennent tant d'autres et n'emportent de l'obstacle traversé qu'un coup d'aile plus serré et un élan plus ardent ?

Il avait pour lui sa rare intelligence si souple, si vive, si ouverte et qu'il avait su cultiver si bien. Très-amateur de musique et de poésie, il pouvait demander à ces arts voisins des aperçus et des conseils pour le sien ; chose excellente, car souvent le premier suggère le mouvement et le second la pensée. Il avait un merveilleux tempérament de peintre à la fois fougueux et délicat avec quelque chose d'ample, d'admirables dons de coloriste : un œil d'une justesse parfaite et une main dont les mouvements semblaient la continuation des sensations de la rétine. Il avait la préoccupation constante et le culte de la peinture, y ramenant tout et faisant de sa vie entière la collaboratrice et la conseillère de son travail, ce qui est une condition indispensable de grande production. Il souffrait de cette importunité de l'art qui vous hante partout, vous poursuit, transforme tout en observation et en études ; cette application continuelle de l'esprit qui fait que le Titien voyant une grappe de raisin éclairée par le soleil y trouvait une loi du clair obscur, que Léonard en apercevant des personnes assises vers le soir au seuil des portes y remarquait les jeux de lumière et d'ombre, et qu'Eugène Delacroix faisant venir un des cabriolets jaune serin de 1830, pour aller étudier au Louvre les draperies jaunes de Rubens, découvrait cette loi que l'ombre se colore légèrement de la complémentaire du clair. Il avait pour soutenir ces magnifiques facultés un emportement au travail qui ne laissait pas à l'impression le temps de se refroidir et une volonté de fer. Il avait enfin, pour ne rien oublier, l'heureux hasard d'une position qui lui permettait un travail indépendant et il n'était pas contraint de traîner le poids de la nécessité journalière qui toujours retarde l'essor et souvent fatigue le vol.

Son penchant pour l'extraordinaire, auquel l'amour du succès n'était peut-être pas étranger, aurait eu pour correctif ce même besoin de succès. Quand on est hors de la simplicité et de la nature, on peut avoir une vogue de surprise et inspirer une admiration d'habileté, mais cela ne dure pas. Il faut rentrer dans la grand'route, sinon le public ne tarde pas à vous abandonner sous la plante exotique, sur le roc bizarre, dans l'édicule, la mosquée ou la pagode que vous avez choisis. Sainte-Beuve disait que Baudelaire s'était bâti un kiosque chinois au bout du Kamtschatka. Quelques-uns y vont quelquefois pendant quelque temps ; mais les places publiques de Molière sont bien plus fréquentées et l'on revient s'asseoir dans la chaumine de La Fontaine ; si bien que le mandarin finit toujours par rester là-bas à fumer solitairement sa pipe d'opium. Regnault aimait trop la renommée pour ne pas se renouveler quand il aurait vu que le piquant de cette étrangeté commençait à s'émousser. C'était une nature qui avait besoin d'applaudissements, ce qui est bien ; et des siens, ce qui est mieux. Il était assez ambitieux vis-à-vis de lui-même pour ne pas se satisfaire de cette manière. Son effort continuel pour faire autre chose et mieux l'eût ramené au vrai qui seul est inépuisable.

Le manque de sympathie pour l'âme humaine et l'impassibilité voulue qui étaient le fait de l'école à laquelle il appartenait auraient été combattus par son besoin d'activité. Il n'était pas de ces contemplateurs qui dérobent leur corps et leur esprit à la fatigue et jugent l'action du haut d'un rêve oisif. Il s'y plongeait au contraire avec ardeur : sa nature emportée et volontaire demandait les émotions de la lutte et la satisfaction du succès. Il avait une qualité précieuse, c'était de s'absorber dans ce qu'il faisait et de se plaire avec ceux avec qui il se trouvait. Il avait cette grande force d'être de ceux qui s'amusent et de n'appartenir pas à la secte des ennuyés. Aimer à agir, cela est fécond et bon : d'abord nous nous plaisons aux choses et aux hommes à cause du développement d'activité qu'ils excitent en nous, et peu à peu nous nous intéressons à eux à cause de celle que nous y développons. Ils nous deviennent chers par le plaisir que nous y trouvons, et plus chers par celui que nous y mettons. C'est le commencement de la sympathie. L'habitude de voir qui nous fait rechercher autre chose, quelques déceptions, le besoin des causes nous obligent à entrer plus avant et à pénétrer sous les apparences. La sympathie devient plus intime. L'exercice, l'aspiration vers le plus délicat, qui est la loi et la récompense de toute affection non égoïste, la perfectionnent, la fortifient, l'affinent et finissent par en faire ce pénétrant moyen de divination et le plus puissant instrument de création qui existe. Chez Regnault, l'activité et la bonne humeur de l'homme pouvaient venir au secours de l'artiste, et l'expérience de la vie briser et dépasser les théories de l'école.

Enfin, ce qui manquait à son idéal d'élévation et de pureté, les années et les circonstances le lui auraient donné. Sur les premières, il est inutile d'insister : pour lui comme pour la plupart, la maturité l'eût amené à la simplicité et l'eût rapproché de la beauté calme qui est la beauté suprême, parce que le repos dans la force est au-dessus du mouvement dans l'effort. C'est la loi commune. Mais les temps aussi allaient changer et le réveil allait venir. L'empire n'aurait duré pour Regnault que le temps d'acquérir dans leur perfection les qualités matérielles, les seules que ce régime sensualiste ait pu donner. Les douleurs publiques, en révolutionnant l'homme, auraient transformé l'artiste et l'auraient laissé avec la gravité de ceux qui ont souffert et l'élévation de ceux qui ont besoin d'être consolés. L'affliction est souvent un bienfait : pour avoir toute leur beauté, les esprits, comme les cimes, ont besoin d'être couronnés de la neige du malheur, pour employer l'énergique expression d'Eschyle.

Et si maintenant, après l'orage qui a ravagé le pays et purifié l'atmosphère, qui nous a laissés avec des champs ruinés et un air plus serein, deux conditions de travail, si maintenant il avait été parmi nous, il aurait connu ce que c'est que la joie et l'orgueil de son temps et il y aurait contribué. Dans cette grande entreprise de régénération si pleine de luttes, de fatigues, d'incertitudes, d'angoisses, mais aussi de douceurs et de fiertés ineffables, si bien que les plus humbles avec leur part de peine ont aussi leur part de récompense, il eut été un des plus ardents et des plus efficaces. Il serait devenu, dans son domaine, un des ouvriers de l'heure solennelle dans laquelle nous devons remercier le ciel de nous faire vivre. Qu'on y songe un moment et qu'on se demande si cette âme généreuse, qui a su se dévouer à son pays, s'occuperait à présent de Maures et de mosquées. Non certes ! Il eut été de ceux à qui échoit l'honneur de s'emparer de la vie contemporaine, de la transformer, de la relever aux yeux de ceux qui la constituent. Ceux qui fatiguent leurs bras et leurs reins à la besogne journalière et qui sont plongés dans l'action ont besoin qu'on la rehausse, qu'on l'ennoblisse, qu'on leur fasse aimer leur fatigue. C'est un cordial puissant et qui remonte le cœur, que de trouver belle la chose qu'on fait ; ceux qui l'embellissent doublent le courage et augmentent le travail de l'humanité. Haute et noble tâche ! Il n'en est pas de plus féconde, de plus indispensable. C'est celle des grands poëtes et des grands artistes, celle à laquelle Regnault se serait voué et où son génie serait devenu plus puissant, plus simple, plus pathétique et plus élevé, si ses jeunes lauriers n'avaient pas été coupés pour former, unis à des rameaux de chêne, une immortelle et douloureuse couronne civique.

IV

Et maintenant les portes d'ivoire se ferment sur nous par lesquelles s'échappent les rêves qui sont trop beaux pour s'accomplir, et voici que s'ouvrent les sombres portes de corne qui donnent passage à ceux qui sont assez tristes pour devenir des réalités (1). Il nous faut quitter le domaine serein et radieux de l'art ; nous pénétrons sur un terrain rouge de sang, tour à tour voilé par la fumée ou éclairé par la flamme et plein de formes en deuil qui pleurent.

Regnault était tout entier à ses travaux et à ses projets quand éclata la nouvelle de la guerre avec la Prusse, et,

(1) Δοιαὶ γάρ τε πύλαι ἀμενηνῶν εἰσίν ὀνείρων·
Αἱ μὲν γὰρ κεράεσσι τετεύχαται, αἱ δ' ἐλέφαντι.
Τῶν οἱ μὲν κ' ἔλθωσι διὰ πριστοῦ ἐλέφαντος,
Οἵ ῥ' ἐλεφαίρονται, ἔπε' ἀκράαντα φέροντες·
Οἱ δὲ διὰ ξεστῶν κεράων ἔλθωσι θύραζε,
Οἵ ῥ' ἔτυμα κραίνουσι, βροτῶν ὅτε κέν τις ἴδηται.
                                    Homère, Odyssée, XIX, 562-67.

presque aussitôt après, celle des premières défaites. Son titre de prix de Rome le dispensait de tout service militaire. Il aurait pu rester tranquillement à Tanger, s'enfermer dans son art et y trouver l'oubli des malheur. publics. Il n'y songea même pas, et il se serait indigné si un autre lui avait suggéré cette pensée qu'il était incapable d'avoir. Il laissa là son atelier, ses tableaux commencés, ses pinceaux, son soleil d'orient, ses rêves, pour aller prendre son fusil et défendre sous un ciel lugubre une cause désespérée. Il n'y a rien de plus beau. Certes, c'est un grand et admirable sacrifice, que d'aller offrir son existence à une idée ; mais si la gloire est si douce que plus d'un sans hésiter a donné sa vie pour la conquérir, c'est un sacrifice immense et sublime que d'immoler avec sa vie la gloire qu'on lui préfère.

Il traversa la France, en courant, car il voulait pénétrer à Paris avant l'investissement. Il y arriva vers le milieu de septembre. Quand il entra dans la ville, on achevait les préparatifs rapides de la défense. Il croisa les mobiles qui venaient s'enfermer dans Paris : les Bretons suivis de leurs recteurs allant au combat comme au Pardon ; les Bourguignons en blouse bleue, une croix rouge sur la manche ; les rudes gars d'Auvergne, le front couvert du large chapeau de paysan. C'était la jeunesse de la France qui, comme lui, venait défendre Paris. En arrivant, il vit, sur la place de la Concorde, la statue de Strasbourg, presque enfouie sous les guirlandes de fleurs et de feuillage, les bouquets, les couronnes jetés pêle-mêle à ses pieds. On avait pavoisé de drapeaux la cité héroïque, « et les bandes rouges de ce vêtement d'étendards semblaient les larges taches du sang qu'elle versait si héroïquement pour la France(1). » Il respira, en frémissant, ce souffle de patriotisme qui parcourait les rues, faisait lever les fronts et battre les

(1) Paul de Saint-Victor.

cœurs. Pour sa gloire et pour notre douleur, il était arrivé à temps. Quelques jours après, les flammes des premiers uhlans apparaissaient à l'horizon et le fleuve immense et noir de l'armée prussienne arrivait en charriant ses lourds canons.

Il est inutile de parler de ces longs mois de siége et de ces alternatives d'espérance et de désespoir qui durent traverser avec des ébranlements douloureux l'âme de Regnault. Qui a perdu le souvenir de ces semaines sans fin, de ces nuits sans lumière où de temps en temps éclatait le tonnerre lointain des forts, de ces files de femmes et d'enfants attendant dans l'aube glacée le morceau de pain, de cet héroïsme de toute une population ; de ces jours où l'on était heureux et confiant, où la prise de Coulmiers, la défense de Châteaudun, éclataient gaiement comme un clairon ; de ces jours sombres et désolés où l'on apprenait la reddition de Strasbourg, la capitulation de Metz, les désastres de tout genre ; de ces jours anxieux et mornes, où l'on eut payé des nouvelles au prix du sang, où les cœurs inquiets se demandaient ce qu'étaient devenus les absents (1), et où les yeux fatigués se levaient

---

(1) Nous trouvons ce sentiment exprimé par un de ceux qui en ont souffert avec une simplicité poignante qui va jusqu'à l'éloquence :

« La seule privation digne d'être notée, mais aiguë celle-là, universelle, et par instants intolérable, c'était l'éloignement de nos femmes et de nos enfants. Si j'avais été plus jeune j'aurais montré plus de vaillance, mais à mon âge, avec une santé médiocre, chaque jour qui passe est une grâce qui nous est faite, et je me demandais trop souvent si je les reverrais jamais. Aurais-je la consolation de dire à l'amie que j'avais si violemment arrachée de moi : J'ai souffert de notre séparation plus que toi-même, et je regrette de toute mon âme le chagrin que je t'ai causé. Aurais-je cette amertume de ne pouvoir soulever de terre le petit être inconscient que je chéris pour l'approcher de mes lèvres et lui souffler la colère, la haine dont mon cœur est plein. Oui, par ce côté, je puis dire que j'ai souffert et beaucoup, en ajoutant que je ne céderais à personne, (à aucun prix, cette part qui est bien à moi dans la douleur commune. »
Du Mesnil. *Paris et les Allemands. Journal d'un témoin.*)

au ciel pour voir si, sous ces nuages d'hiver, n'apparaissait pas l'aile blanche d'un pigeon.

Regnault fit son devoir de soldat comme il faisait tout avec toute son âme. Son capitaine frappé de son zèle, de son intelligence et de son courage lui avait offert un grade. Il le remercia par cette lettre admirable que devrait relire plus d'un à qui le titre de soldat semble trop humble.

Mon cher Capitaine,

Je vous écris afin de mieux vous exposer les raisons qui m'ont fait persévérer, après mûre réflexion, dans ma ferme résolution de rester simple garde. Je vous remercie néanmoins de vos bonnes intentions à mon égard, et je suis heureux de la confiance dont vous voulez bien m'honorer. Je crois pouvoir la mériter par mon entier dévouement et ma parfaite soumission, aussi bien en restant simple soldat, qu'en devenant votre sous-lieutenant.

Je sais que les qualités de sang-froid et de respect du devoir que vous me reconnaissez auraient fait de moi en peu de temps, grâce à votre bonne direction, un officier passable. Mais je crains que mon peu d'expérience dans le service militaire ne m'expose à recevoir de temps en temps, des leçons de ceux qui, sous mes ordres comme sous-officiers et caporaux, en sauraient plus que moi, et qui, sous beaucoup de rapports, seraient plus dignes et aussi capables de remplir le grade que vous me proposez.

Ensuite, je suis certain que je pourrai vous écouter encore mieux en restant simple garde. Mon exemple peut rendre encore plus de services que mon commandement. Décidé à supporter, sans broncher, les fatigues et les ennuis du métier, sans en éviter aucun, à être le premier aux corvées et le premier au feu, j'espère entraîner à ma suite ceux de mes camarades qui seraient portés à se plaindre et à hésiter. Nous sommes plusieurs dans le même cas, animés des mêmes sentiments, mais nous ne serons jamais assez nombreux. Croyez-vous que la résignation et la bonne volonté de M. Bethmont n'aient pas été d'un grand effet vis-à-vis de beaucoup d'entre nous ?

Je n'ai pas la prétention de le valoir, ni d'être doué d'une parole assez entraînante pour convertir en bons les mauvais. Seulement je suis plus jeune, j'ai meilleure santé, autant de courage, autant de patriotisme que lui, et le respect de la discipline.

Vous avez en moi un bon soldat ; ne le perdez pas pour en faire un officier médiocre...

Les jours se succédèrent, amenant déceptions sur déceptions et laissant entrevoir plus clairement le terme obligé de cette fatale guerre. Ce fut le plus dur moment pour le cœur français de Regnault, et c'est dans une de ces heures désolées qu'il nota les lignes suivantes retrouvées dans ses papiers.

> Nous avons perdu beaucoup d'hommes; il faut les refaire et meilleurs et plus forts. La leçon doit nous servir. Ne nous laissons pas amollir par des plaisirs faciles. La vie pour soi seul n'est plus permise. Il était, il y a quelque temps, d'usage de ne plus croire à rien qu'à la jouissance et à toutes les passions mauvaises. L'égoïsme doit fuir et amener avec lui cette fatale gloriole de mépriser tout ce qui était honnête et bon...
> Aujourd'hui la République nous commande à tous la vie pure, honorable, sérieuse, et nous devons tous payer à la patrie, et au-dessus de la patrie, à l'humanité libre, le tribut de notre corps et de notre âme.
> Ce que les deux peuvent produire ensemble, nous le leur devons. Toutes nos forces doivent concourir au bien de la grande famille, en pratiquant nous-mêmes, et en développant chez les autres, les sentiments d'honneur et l'amour du travail...

Pendant le siége un mariage que ses vœux appelaient depuis longtemps avait été décidé. Quand il rentrait des avant-postes d'Asnières ou de Colombes, après les factions de nuit et les aubes glaciales, il venait reprendre au foyer de sa nouvelle famille un peu de chaleur, d'affection et de courage. A travers le récit de ses amis, on devine ce qu'étaient ces soirées. On était triste d'abord et de temps en temps un obus qui éclatait dans le voisinage faisait cesser la conversation et tressaillir les vitres. Puis on reprenait, on causait d'art et d'avenir. Un rêve, un espoir, un éclat de rire, timides d'abord, se montraient, se risquaient davantage, prenaient vol et faisaient scintiller leurs plumes d'oiseaux du paradis. Car c'est du ciel vraiment qu'ils viennent, pour apporter un peu de gaieté aux hommes, quand les rossignols et les hirondelles sont partis, que les sansonnets tombent gelés dans leurs buissons, et qu'on ne voit que corbeaux et vautours traçant leurs cercles noirs sur un ciel menaçant. C'est alors qu'ils battent autour des lampes de leurs ailes étincelantes et emportent les esprits avec eux loin de la réalité et du présent. Que de fois les oiseaux bleus chantèrent ! Ils parlaient des pays lointains, de voyages futurs, de Tanger, de l'Égypte, de l'Inde, de tableaux projetés et des jours où l'on serait heureux, si bien qu'on n'entendait plus les obus éclater et les vitres tressaillir.

Il était depuis quelques jours dans cette famille, quand, le mardi 17 janvier, l'ordre lui fut donné de repartir aux avant-postes. On préparait une dernière tentative, un dernier effort pour briser ce cercle de redoutes et de batteries qui entouraient la ville. Il le fallait. On n'avait plus de quoi manger. La viande, qui, dès le 26 décembre, avait été fixée à 50 grammes par tête, manquait. Le pain noir, grossier, repoussant, était devenu presque immangeable. La mortalité, qui était de 1,266 dans la première semaine du siége, s'était élevée à 4,386 ; presque le nombre de victimes d'une bataille rangée par semaine, et c'en était une contre ces ennemis qu'on ne vainc pas : le froid, la faim, la tristesse, le regret des absents. Les obus tombaient, tuant les enfants dans l'école, les blessés dans l'ambulance, les femmes dans la rue. Personne pourtant ne se plaignait. On avait la farouche et lugubre dignité du silence. Mais on sentait que cela ne pouvait durer, que la famine qui avait déjà amené la souffrance amènerait bientôt l'impuissance et qu'il fallait tenter un immense, un suprême effort, tandis qu'on avait encore assez de force pour marcher et se battre. C'était pour cette dernière lutte qu'on rappelait Regnault.

Vers midi, il fit ses adieux à cette famille qu'il ne devait plus revoir, et à M. Bida, l'hôte et l'ami de cette maison, qu'il vénérait comme un maître (1). Ce qu'ils furent, vous le de-

---

(1) Pour tout ce qui regarde les derniers jours de Regnault, nous en avons emprunté les détails aux récits émus de MM. Cazalis, Baillière et Duparc.

vinez. On savait qu'on était à la veille d'une bataille terrible. Vous les connaissez ces adieux où l'on se quitte sans savoir si l'on se reverra, où chacun essaye de dissimuler sa pensée, où l'on feint la gaîté pour voiler la tristesse, et où les sourires cachent mal les larmes.

Sachant qu'il allait à une bataille suprême, Regnault avait fait coudre sur la doublure de sa capote une carte portant ces mots :

Henri REGNAULT, peintre,
fils de Regnault (de l'Institut).

Au-dessous il avait mis l'adresse de la maison où il se trouvait. Il emportait quelques lettres et des portraits enfermés dans une enveloppe sur laquelle il avait écrit *Für meine Braut*, pour ma fiancée, et un petit manchon qu'on lui avait fait accepter pour réchauffer ses doigts engourdis par le froid. Ces lettres et ces portraits n'ont pas été retrouvés.

Le combat n'eut lieu que le jeudi, 19 janvier. Il fut annoncé par cette proclamation qu'on trouva affichée le matin :

Citoyens,

L'ennemi tue nos femmes et nos enfants, il nous bombarde nuit et jour, il couvre d'obus nos hôpitaux. Un cri : Aux armes ! il est sorti de toutes les poitrines.

Ceux d'entre nous qui peuvent donner leur vie sur le champ de bataille marcheront à l'ennemi ; ceux qui restent, jaloux de se montrer dignes de l'héroïsme de leurs frères, accepteront au besoin les plus durs sacrifices comme un autre moyen de se dévouer à la patrie.

Souffrir et mourir, s'il le faut, mais vaincre !

Hélas ! on sut mourir, mais on ne put vaincre.

La sortie qu'on allait tenter cette fois avait pour objectif Versailles. Pour y arriver, il faut gravir les collines qui longent la Seine, et au pied desquelles se trouve Saint-Cloud. Ces collines sont couvertes de riches maisons dont les parcs sont entourés de murs que les Prussiens avaient crénelés et dont ils avaient fait de formidables défenses. C'étaient ces pentes qu'il fallait gravir sous le feu de l'ennemi, ces redoutes qu'il fallait enlever, ces murs qu'il fallait franchir. L'armée de 100,000 hommes qui devait donner était composée de troupes de ligne, de gardes mobiles et de régiments de marche de la garde nationale. Elle était divisée en trois colonnes. La gauche sous le général Vinoy devait enlever la redoute de Montretout, les maisons de Béarn, Pozzo di Borgo, Armengaud et Zimmermam. Le centre, sous le général de Bellemare, avait pour objectif le plateau de la Bergerie, et devait attaquer de front le mur de Buzenval. La droite, commandée par le général Ducrot, devait opérer sur la partie ouest du parc de Buzenval, et se porter sur Longboyau et les haras de Lupin. — La compagnie de Regnault faisait partie du centre.

Pendant toute la nuit, une nuit d'hiver, sous la pluie et dans la boue, les troupes restèrent massées au pied du Mont-Valérien, attendant la lueur grise de l'aube qui, pour beaucoup, devait être la dernière. Ceux qui y étaient nous en ont rapporté le souvenir ! Entre ce ciel sombre et ce sol détrempé, on distinguait vaguement le fourmillement de masses noires, et on entendait le grincement des affûts. Derrière les bataillons armés, venait le cortége lugubre et bienfaisant des ambulanciers: les uns vêtus de noir, avec de grands chapeaux bretons ; les autres avec des casquettes à croix rouge, portant des machines à l'usage des blessés, escortant des cacolets ; enfin, vêtus de blouses grises, portant des pioches et des pelles, venaient les hommes auxquels restent toujours les champs de bataille : les fossoyeurs. Et derrière encore, terrible précaution, une longue file de voitures, équipages élégants, landaus, coupés, victorias, omnibus, attelages de toutes couleurs destinés à ramener dans quelques heures meurtris, blessés, mourants, morts tous ces hommes maintenant vigoureux, attendaient leur charge de chair sanglante. On savait que la journée serait terrible : c'était la dernière. Quel frisson dut parcourir ces cœurs purifiés et agrandis par cinq mois de souffrances ! de quelle étreinte fiévreuse les mains durent serrer les fusils, au moment solennel où l'on vit le ciel blanchir du côté de l'est ! Nous savons où allèrent les adieux de Regnault ; nous pouvons nous imaginer que toute sa vie passée apparut devant ses yeux comme un paysage éclairé par un éclair, avec cette lucidité effrayante que prend la pensée dans un danger suprême. Un moment après, les premiers flocons de fumée montaient dans l'air et les premiers coups de feu éclataient.

Vers les huit heures, les corps d'attaque de la gauche et du centre composés surtout de gardes nationaux mobilisés s'élancèrent avec un élan admirable, ceux de Vinoy vers la redoute de Montretout, ceux de Bellemare vers le bois de la Bergerie et le long mur blanc du parc de Buzenval. On grimpait la côte rapide à travers les échalas que faisaient sauter les balles, sous une pluie de feu. Ce fut un élan admirable ! A onze heures, le général Vinoy s'était emparé de la redoute de Montretout et des maisons que nous avons désignées plus haut, et le général de Bellemare était parvenu sur la crête de la Bergerie après avoir pris la maison du curé. Mais en attendant que sa droite fût appuyée, il fut obligé de se maintenir sous le feu de l'ennemi, pendant que ses hommes tiraient au juger sur ces bois et visaient sur la fumée qui montait derrière les branches sèches. Mais c'était, comme pour beaucoup de nos combats, une matinée d'espoir que devait suivre un soir de défaite. La colonne de droite n'entra en ligne que deux heures plus tard, trop tard pour soutenir le centre et la droite, trop tard pour enlever les positions qui auraient dû être emportées d'un seul bond, trop tard, hélas ! car les réserves prussiennes de la 9ᵉ division arrivaient à quatre heures sur nos soldats fatigués par une nuit passée en longs préparatifs et par une lutte qui durait depuis le matin.

Le soir tombait, la lutte était vive dans le petit bois qui précède le mur du parc de Buzenval. C'est là que toute la journée avait combattu Regnault. Le sol était jonché de cadavres et le mur n'avait pu être enlevé. Le clairon sonne ! C'est la retraite! c'est la défaite ! tant d'efforts vains, de morts inutiles, c'est Paris perdu, c'est la France vaincue. Quel désespoir ! Quelle rage ! Et cependant devant ces masses fraîches et serrées, avec des gibernes presque vides, des bras lassés, des corps épuisés qui n'ont rien pris depuis vingt-quatre heures, il faut reculer, il faut redescendre ces pentes qu'on avait montées avec tant d'élan, le matin. On les redescend du moins pas à pas, avec des retours de colère, et Regnault est parmi les derniers à partir. Il ne peut s'arracher de ce sol et veut brûler ses dernières cartouches.

Tout à coup, Clairin qui était resté à ses côtés pendant toute la journée ne l'aperçoit plus. Où est-il ? Peut-être a-t-il été entraîné par le flot de la retraite et se trouve-t-il dans les rangs. Clairin l'y cherche sans le trouver. Peut-être est-il resté en arrière, perdu dans la fumée et l'obscurité qui tombe, et l'ami inquiet laissant descendre le bataillon retourne sur ses pas. Il entre dans le petit bois qui se trouve en avant du mur fatal, l'y cherche, l'appelle. C'est en vain. Le bois se fait obscur ; seul le haut des arbres est encore clair, le sol et les troncs sont déjà plongés dans l'ombre. Il a beau crier : « Henri ! Henri ! », il n'y a de réponse que l'écho ou un gémissement de blessé.

Désespéré, Clairin rejoint son bataillon. Pendant toute la nuit, il va de l'un à l'autre, interroge, demande si personne n'a aperçu Regnault. Au milieu de la nuit, quelqu'un lui répond que vers quatre heures, au moment où l'on sonnait la retraite, il l'avait vu marcher vers le mur derrière lequel se cachaient les Prussiens; qu'on l'avait rappelé, qu'il avait crié : « Je tire mon dernier coup de fusil et je reviens. » Il pensait bien qu'un moment après c'était lui qu'il avait vu tomber. Un espoir restait encore: peut-être n'était-il que blessé.

Le lendemain, vers cinq heures du soir, un ambulancier qui parcourait le champ de bataille aperçut dans une des allées du petit bois un soldat étendu la face contre terre. Il le retourna sans pouvoir distinguer la figure qui était couverte d'un masque de sang et de feuilles sèches. Il ouvrit la capote de drap marron et lut sur une carte cousue à la doublure :

Henri REGNAULT, peintre,
fils de Regnault (de l'Institut).

Au-dessous se trouvait l'adresse de la maison qu'il avait quittée pour retourner au combat. L'ambulancier prit ce qu'il trouva sur le corps et continua ses recherches. Il pensait revenir près du pauvre cadavre, mais l'armistice expirait et il lui fallut abandonner le champ de bataille. Vers six heures, il vint trouver M. Bida et le prévenir que tout espoir était illusoire et que Henri Regnault n'était ni blessé ni prisonnier. Il lui remit ce qu'il avait trouvé sur le corps : une petite chaînette qui portait une médaille et une larme d'argent. Cette larme, souvenir de longs deuils, lui avait été donnée par sa fiancée qui, en la lui remettant, lui avait dit : « Maintenant que je suis heureuse, prenez-la, mais vous me la rendrez, je le veux, la première fois que vous me ferez pleurer. »

Qu'était devenu ce corps précieux ? allait-il disparaître dans cette cohue de morts qui suit les batailles ? allait-il être enterré avec cette foule de pauvres corps, inconnus, non réclamés, que de Vigny appelait énergiquement du sang anonyme ? A Athènes, quand on célébrait les funérailles des citoyens tués pour la patrie, des chars amenaient des cercueils de cyprès, un pour chaque tribu, où l'on plaçait les ossements des morts. Un lit vide, couvert de tentures, y était porté en l'honneur des invisibles, c'est-à-dire de ceux dont les corps n'avaient pu être retrouvés. Regnault allait-il être de ceux-là ? On le crut pendant quelques jours.

Le samedi, deux cents cadavres de gardes nationaux étaient ramenés à Paris, et le dimanche, transportés au Père-Lachaise. Ce fut là, grâce au numéro de la tunique, que le corps de Regnault fut enfin retrouvé, reconnu, et que Clairin, presque fou de douleur, essuya avec des baisers le sang et la boue qui couvraient cette pauvre tête déjà presque méconnaissable. La tempe gauche portait le trou de la balle qui était restée dans le cerveau. Ce fut là aussi que la jeune fille à laquelle il avait lié sa destinée vint le regarder pour la dernière fois et lui apporter, pour être enterrés à jamais avec lui, son bonheur et tous ses espoirs. Quelle scène que ce cimetière avec ses rangées de tombes et de cyprès, avec ces soldats frappés pour le pays, et cette fiancée venant dire son adieu au fiancé ! La poésie a-t-elle jamais trouvé rien de plus tragique et de plus grandiose ; l'art a-t-il jamais égalé cet épisode de la vie de chaque jour ?

Quand Paris apprit cette nouvelle, il eut un tressaillement de douleur. Les Parisiens connaissaient déjà et aimaient ce jeune homme si vif, si français. Dans le sourd désespoir de la défaite et l'agonie publique, on ressentit comme un élancement aigu et une souffrance personnelle. Peut-être était-ce que les cœurs étaient pleins jusqu'aux bords, d'angoisse, et que cette dernière perte était la goutte de chagrin qui les fit déborder ! Peut-être était-ce que le spectacle de tant de jeunesse et d'espérances moissonnées avait quelque chose de plus poignant que toutes les épreuves précédentes ! Tyrtée, le vieux poëte guerrier qui fit pour un peuple battu les chants du soldat d'alors, s'écrie quelque part : « C'est chose douloureuse qu'aux premiers rangs de la bataille gise un vieillard aux cheveux blancs, à la barbe grise (1). » C'est vrai. Mais s'il y a une mélancolie pénible à voir tomber les choses qui ont atteint leur automne et donné leurs fruits, il y a une révolte indignée à voir tomber celles qui n'ont pas dépassé leur printemps et n'en sont encore qu'aux promesses de la fleur.

Aussi, quand huit jours après, dans l'église Saint-Augustin, on rendit les derniers devoirs, les derniers honneurs à H. Regnault, la foule était-elle nombreuse, les cœurs pleins de tristesse, les yeux pleins de larmes ! On sentait qu'on avait perdu un de ceux qui pouvaient consoler la France de ses défaites par une gloire plus pure et plus durable que la gloire du fer, par une gloire que n'entame pas la rouille du temps, par la gloire d'or des arts. La famille de Regnault, absente, ignorait la terrible nouvelle et son vieux père, qui depuis est mort de la mort de son fils, n'était pas près de lui. Mais tout ce que Paris renfermait d'illustre, de jeune et de généreux, s'était donné rendez-vous dans cette vaste nef devenue trop étroite. Ses compagnons d'armes en tenue de campagne présentaient les armes à ce cercueil sur lequel un bouquet de lilas blanc révélait qu'aucune douleur n'avait manqué à ce sacrifice. Des vieillards illustres pleuraient ce jeune et déjà glorieux successeur auquel ils pensaient transmettre le flambeau de vie que les générations se passent de main en main ; les jeunes gens pleuraient leur ami et leur orgueil; et, à genoux au pied du cercueil, sa fiancée en vêtements de veuve pleurait son bonheur évanoui. A l'élévation, Saint-Saëns, qui était son ami et qui tenait l'orgue, intercala un air dolent et triste que Regnault chantait quelques jours avant sa mort, et une batterie

---

(1) Αἰσχρὸν γάρ δὴ τοῦτο, μετὰ προμάχοισι πεσόντα
Κεῖσθαι πρόσθε νέων ἄνδρα παλαιότερον
Ἤδη λευκὸν ἔχοντα κάρη, πολιόν τε γένειον,
Θυμὸν ἀποπνείοντ' ἄλκιμον ἐν κονίῃ.
(Tyrtée, I.)

de tambours voilés de crêpes éclata avec son roulement lugubre, comme un adieu au soldat. Puis l'orgue reprit, exhalant ses plaintes profondes, ses soupirs navrants, ses longs sanglots, ses lamentations déchirantes; et de ce gouffre de tristesse s'envolait, de temps en temps, une note légère et claire qui disait qu'au-dessus des ténèbres règne la lumière, qu'au-dessus des adieux plane une espérance, que la gloire couronne le sacrifice et que l'amour est plus fort que la mort.

Après une année d'autres malheurs plus terribles encore que ceux de la guerre, le souvenir de Regnault était resté frais et douloureux, et quand ses amis organisèrent une exposition générale de ses œuvres, la grande salle de l'École des Beaux-Arts ne désemplit pas, pendant un mois, d'une foule pleine d'émotion et d'admiration. Je me rappelle encore l'étonnement qu'on éprouvait à la vue de ces productions si variées, si achevées et si nombreuses qu'on comprenait à peine qu'une vie de vingt-sept ans ait pu y suffire. Je vois encore ces murs couverts de dessins, de paysages larges et sobres, d'aquarelles d'une force et d'une richesse inimitables, de tableaux éclatants et splendides qui semblaient émettre les rayons du soleil méridional, ce fier Prim, cette étrange et adorable Salomé avec ses yeux noirs riant sous la toison de sa chevelure, et ce grand exécuteur essuyant sa lame sur l'escalier blanc plaqué de sang. C'était une fête de douleur. Je sens encore l'émotion que j'éprouvai quand, au bout de cette salle admirable, je me trouvai en face de son buste de bronze placé sur un socle de velours grenat, et entouré d'une couronne de lauriers et de camélias blancs, à laquelle des mains nombreuses avaient en passant, ajouté des bouquets de violettes, les premières de l'année. Je sens encore les larmes qui me vinrent aux yeux, en regardant cette belle figure si énergique.

Il est mort pour son pays, dans tout l'éclat d'une renommée grandissante. Il est allé rejoindre le cortége triste et charmant des jeunes génies, dans ces champs lumineux plantés de myrtes, baignés d'un jour plus pur, où sont les jeunes ombres, où il a retrouvé Vauvenargues et Marceau, Hoche et André Chénier. Ne le plaignons pas trop. Sa gloire naissante, pour être moins vaste peut-être, gardera quelque chose de la grâce des aurores. Il restera dans la mémoire des hommes, des Français surtout, avec l'honneur d'avoir été ces deux choses éternellement jeunes : un espoir et un exemple.

909. — Abbeville. — Typ. et stér. Gustave Retaux.

www.ingramcontent.com/pod-product-compliance
Lightning Source LLC
Chambersburg PA
CBHW070301230526
45470CB00002B/672